El Islam

Matthew S. Gordon

Diseño y maquetación: Saul Rojas Blonval

Traducción: Isobel Richardson

Edita: Plutón Ediciones X, s. l.,

E-mail: contacto@plutonediciones.com
http://www.plutonediciones.com

I.S.B.N: 979-13-87952-19-8
Depósito Legal: B-21826-2025

Impreso en China / Printed in China

Prefacio

El islam es una de las religiones más influyentes y extendidas del planeta. Surgida en el siglo VII en la península arábiga, tuvo su origen en las revelaciones recibidas por el profeta Mahoma, cuya palabra sentó las bases de una nueva fe monoteísta. Desde entonces, el islam ha conformado una de las grandes civilizaciones del mundo, con un legado espiritual, artístico y científico que se extiende a lo largo de los siglos.

En este libro, el lector encontrará la historia, las creencias y las prácticas fundamentales del islam, así como la figura del profeta Mahoma, considerado el mensajero de Dios. A través de sus enseñanzas, millones de fieles han encontrado una guía espiritual y moral que continúa viva en todos los continentes. El texto recorre también la expansión del islam, la diversidad de sus comunidades y su profunda influencia en la cultura universal.

Las páginas de esta obra invitan a un viaje al corazón de la fe islámica: una religión que proclama la paz, la justicia y la sumisión a la voluntad divina. Acompañado de numerosas imágenes, el libro ofrece una mirada visual y contextual que complementa el estudio, permitiendo al lector comprender mejor la belleza, la historia y la espiritualidad que han hecho del islam una de las grandes tradiciones religiosas del mundo.

El Islam

Capítulo I

Introducción
El moderno mundo islámico

El islam, una de las religiones más extendidas en el mundo, es la segunda después del cristianismo en número de seguidores. Las personas que creen en los principios del islam y practican sus rituales se llaman musulmanes y componen un gran segmento de la población mundial. De los 5.000 millones de personas que hay en el mundo, en cifras redondas, entre 850 y 1.000 millones son musulmanes.

En los continentes de África y Asia, incluida el área conocida como Oriente Medio, el islam es la religión dominante, especialmente en los países de Afganistán, Argelia, Egipto, Irán, Irak, Libia, Malasia, Marruecos, Arabia Saudita y Siria. También hay musulmanes en la Unión Soviética, China y Europa, así como en el Norte y Sur de América. Los tres países con el mayor número de comunidades musulmanas son Indonesia, Pakistán y Bangladesh, todos ellos de Asia.

Al igual que las comunidades judía y cristiana, la islámica comprende un número de pequeños grupos entre los cuales las creencias difieren ligeramente. Hay, sin embargo, dos divisiones importantes dentro de la fe: la mayoría de los musulmanes pertenecen a la secta sunní, cuyos seguidores son conocidos como musulmanes sunníes; los demás pertenecen a las sectas del Chiá y se conocen como chiíes o chiítas. La palabra «chií» es una variación del término árabe شيعة y es la que se usa corrientemente en los medios de comunicación occidentales. Los chiítas son mayoría en Irán y están representados por grandes comunidades en Irak, Kuwait, Líbano y la India. Hay ramas más pequeñas del islamismo chií en el Yemen, la India y otros países.

Dos conceptos equivocados acerca del islam

A pesar de la cantidad de musulmanes que hay en el mundo, —y un creciente número de ellos en Estados Unidos—, el islam es extraño para la mayoría de norteamericanos, por estar estos más familiarizados con el cristianismo o el judaísmo. Debido a que saben muy poco, o nada, del islam, los norteamericanos tienen un falso concepto de sus creencias y rituales. Uno de los errores más frecuentes es el de creer que todos los musulmanes son árabes. Es cierto que la península arábiga fue la cuna del islam, que en los primeros años de esta religión la mayoría de musulmanes eran árabes y que el texto sagrado del islam (el Corán) está escrito en árabe. Pero solo aproximadamente un siglo después de su fundación, la religión del islam ya se extendió a algunas partes del sur de Europa, oriente y centro de Asia, India y otras zonas. Al expandirse, el islam atrajo a un creciente número de conversos entre los pueblos de estas áreas. Gradualmente, los árabes se convirtieron en una simple variedad de los pueblos que practicaban la religión islámica. Como resultado de ello, la mayoría de musulmanes, hoy, no son árabes. No hablan árabe, y la gran mayoría viven fuera de Oriente Medio y África del

Norte, las dos zonas donde se concentra la población árabe de todo el mundo.

Otro concepto falso es el de que el mundo musulmán es cruel y violento, con una fuerte tendencia a la hostilidad, particularmente hacia los occidentales. Esta imagen se presenta a menudo en los periódicos europeos y norteamericanos, así como en las noticias de radio y televisión. Se dedica muchísima atención a las actividades de los violentos musulmanes extremistas. El problema es que los comentaristas a menudo asocian tales incidentes con el islam de una manera que parece como si todos los musulmanes fueran gente violenta, o incluso que las enseñanzas del islam abogaran por la violencia.

La imagen negativa que muchos norteamericanos y europeos tienen del islam y los musulmanes viene de muy lejos. En la Edad Media, cuando la Iglesia cristiana y la realeza europea organizaron las Cruzadas contra el mundo islámico, los líderes de la Iglesia presentaron a los musulmanes como bárbaros e incivilizados. Algunos estudiosos de Europa y, más tarde, de los Estados Unidos, constataron que se trataba de falsos estereotipos y trataron en vano de mostrar un cuadro más positivo del islam y los musulmanes. Y fue así como esta imagen del musulmán bárbaro ha sobrevivido durante generaciones y se ha extendido por todo el mundo occidental.

Los estereotipos son falsas generalizaciones resultantes de una falta de comprensión. Muchos han juzgado al islam sin hacer el mínimo esfuerzo para considerar la tradición religiosa en sus propios términos ni tratar de familiarizarse con sus enseñanzas y las formas en las cuales los musulmanes practican su fe. Este libro tiene el propósito de facilitar una mejor comprensión del islam de forma que el lector pueda situarse más allá de esos estereotipos.

Islam: una visión general

Al igual que el judaísmo y el cristianismo, el islam es una religión monoteísta, o sea que se basa en la creencia en un solo Dios. Los musulmanes utilizan la palabra Allāh para referirse al creador del mundo y de toda la vida que hay en él. Para los musulmanes, Alá es el señor del universo.

La palabra «islam» es árabe y significa sumisión a Alá. Según la fe islámica, Dios ha transmitido una serie de revelaciones a los seres humanos en el curso del tiempo. Estas incluyen las revelaciones que recibió Moisés y el profeta cristiano, Jesús. La tradición islámica tiene en gran estima a Moisés y a Jesús, así como a otros profetas venerados por judíos y cristianos. Sin embargo, los musulmanes creen que estas revelaciones, las cuales llegaron a la humanidad antes de la revelación del islam, fueron corrompidas, que las ideas y las palabras humanas se mezclaron con el mensaje divino y que, en su ignorancia, hombres y mujeres se olvidaron de seguir las enseñanzas de Dios.

Los musulmanes creen que Dios envió su mensaje a la humanidad para guiar a los que le eran fieles y advertir de su cólera a los malvados. El hombre al que Dios escogió para que recibiera este nuevo mensaje fue Muhammad ibn ʽAbd Allāh (Mahoma), un comerciante de 40 años de la ciudad arábiga de La Meca. Enviada a Mahoma a comienzos del siglo VII, esta revelación se dio a conocer como el Corán. Hasta el presente, el Corán ha sido para los musulmanes la palabra literal de Dios. Como dice el mismo Corán:

Alá, no hay más dios que Él, el Viviente, el Subsistente.

Él te ha revelado el Libro con la verdad, confirmando todo lo que vino antes. También reveló antes la Tora y el Evangelio, como dirección para el pueblo, y (ahora) nos ha enviado la Salvación.

Ordenado por Dios a que difundiera la divina revelación, Mahoma fue captando lentamente seguidores en La Meca, y con posterioridad, en la vecina ciudad de Medina. Esta fue la primera comunidad islámica y la semilla de la cual iba a crecer el moderno mundo islámico.

Los musulmanes se refieren a su comunidad como umma, palabra que en árabe significa comunidad. Para los musulmanes, sin embargo, la umma tiene una connotación especial porque se menciona muchas veces en el Corán. Allí, el término significa comunidad religiosa, incluidas las comunidades de judíos, cristianos y musulmanes.

El fundamento de la umma islámica es la colección de leyes y deberes religiosos conocidos como la Šārī'a. El término se traduce a veces por «ley divina», pero se supone que se refiere más al camino religioso que se espera que sigan los musulmanes. Para los devotos del islam, la Šārī'a. es un conjunto de normas cuya procedencia directa es Dios. Así pues, la observancia de la Sari 'a significa seguir y obedecer la voluntad de Dios.

Sin embargo, la Sari' a va mucho más allá del estricto concepto de la plegaria y la fe en Dios, con lo cual mucha gente podría pensar que es un tema estrictamente religioso. También trata de la vida en este mundo, de cómo la comunidad organiza sus asuntos y de cómo los miembros de la comunidad viven sus vidas. De acuerdo con la Šārī'a, no hay una separación real entre religión y otros aspectos de la vida. Por tanto, los musulmanes devotos acostumbran a guiarse, día a día, por la Šārī'a en todos los aspectos de la vida cotidiana.

Capítulo 2

Mahoma y la fundación del islam

La religión islámica nació a comienzos del siglo VII en la ciudad de La Meca, un pequeño pero bullicioso centro comercial situado en la parte noroeste de la península arábiga. El mercado central de La Meca estaba generalmente lleno de rebaños de ovejas, camellos y mucha gente de la ciudad y nómadas que se reunían allí para comprar y vender sus mercancías. Las voces de regateo entre comerciantes y sus clientes aumentaban y disminuían mientras los olores de especias, pellejos de oveja, carne fresca y dátiles se mezclaban con el polvo y el calor del sol del desierto. Este era el medio en el que el profeta del islam pasó la primera parte de su vida, hace ahora 1.400 años.

Muhammad ibn ʻAbd Allāh, nacido en La Meca alrededor del año 570, fue miembro del Banü Hásim, uno de los clanes árabes de la ciudad. Su padre falleció más o menos cuando él nació, y su madre cuando él tenía seis años. El huérfano fue acogido por su abuelo y, al morir este al cabo de dos años, por su tío Abū Tālib. Este era, a la sazón, el líder del clan Hásim. Pobre y huérfano, Muhammad (o Mahoma) no veía mucho futuro ante él. ¿Quién podía predecir el curso que iba a tomar su vida?

Arabia antes del islam

Para la mayor parte de la gente que vivía allí, Arabia era, a finales del siglo VI, un lugar muy difícil para crecer y educarse. La mayor parte de la península era desierto o estepa, un entorno difícil incluso para los individuos más fuertes. Solo en la región montañosa occidental y a lo largo de las costas sureñas, donde las más altas elevaciones y las brisas marinas producían un clima más moderado, la naturaleza era menos cruel.

En las amplias zonas desérticas, la vida se centraba en dos clases de comunidades. En unos pocos oasis y en pequeños centros comerciales como La Meca, la gente se ganaba la vida con la agricultura y el comercio. Sin embargo, la mayor parte de la gente que vivía en la península se componía de nómadas que se trasladaban todos los años con sus animales y pertenencias de una zona de pasto a otra. Tanto en la comunidad sedentaria como en la nómada, la sociedad estaba organizada en clanes. Y estos, a su vez, formaban tribus más grandes.

La tribu era la piedra angular de la sociedad en la antigua Arabia. Protegía a sus miembros contra los enemigos y les daba un sentido de identidad. El pertenecer a una tribu poderosa que pudiera proteger siempre a sus miembros era obviamente ventajoso.

Los líderes tribales, conocidos como šayj, procedían generalmente de los mayores y más ricos clanes de cada tribu y tomaban la mayor parte de las decisiones que la afectaban. Los clanes más pobres y reducidos tenían que acatar las decisiones de los grandes y a menudo se resentían de ello.

Las tribus nómadas obtenían leche y carne fresca de sus rebaños, así como la lana y el pelo de camello que necesitaban para vestirse, y mantas y material para sus tiendas. Debido a que la mayoría de las tribus eran pobres y tenían pocas posesiones aparte de sus animales, algunas veces asaltaban a las otras para llevarse lo que podían.

Solo algunas veces, el asalto, o gaziya, tenía por objeto acabar con sus enemigos. Más bien se trataba de robar animales, mercancías y, cuando era posible, mujeres de la tribu contraria. Los animales y las mercancías compensaban la pobreza de la tribu; las mujeres eran, o bien retenidas, o vendidas como esclavas. El asalto era también, a veces, un modo de demostrar su fuerza y, para los individuos de la tribu, su coraje. Aunque el fin del ataque no solía ser el de matar a los miembros de tribus opuestas, ello era a veces inevitable. Arabia, antes del islam, no tenía gobierno central; las tribus actuaban por su cuenta para vengarse de los daños producidos a alguno de sus miembros. En consecuencia, los ajustes de cuentas eran comunes entre las tribus nómadas. En ocasiones, estos actos de venganza llevaban a costosas contiendas entre tribus, y aunque muchos se quejaban del coste de estas disputas, poco se podía hacer para evitarlas.

El liderazgo de una tribu no era, por tanto, una tarea fácil. En un entorno donde las amenazas de la naturaleza y de otras tribus eran constantes, solo el más práctico y valeroso podía salir airoso de su cometido como líder. Los que mostraban tales cualidades eran altamente respetados por todos. Solo una de las otras voces era escuchada en la comunidad tan atentamente como la del šayj: la del poeta.

Para los árabes de este período, no había mejor forma de expresión que la poesía. Pero el poeta era más que un valorado miembro de la sociedad que cantaba las penas y los placeres de la vida. Los poetas, especialmente aquellos que demostraban una gran elocuencia, se les suponía poseídos por los ŷinn, los espíritus que habitaban en el mundo natural. Así, se suponía que los poetas tenían poderes sobrenaturales con los cuales podían derrotar a los enemigos, y con frecuencia se acudía a ellos para que hicieran uso de esos poderes.

En este medio tan duro, mucha gente se amparaba en la religión para aliviar sus penas. Aunque el cristianismo y el judaísmo ya habían penetrado en la península cuando nació Mahoma, la mayor parte de la gente practicaba algún tipo de religión nativa de su tierra. Creían, por ejemplo, que los ŷinn podían hacer el bien o el mal, y era importante no contrariarles nunca. Por consiguiente, en los sitios donde se creía que había espíritus enterrados se levantaban montones de piedras, y, a veces, se dejaban ofrendas de comida al lado de estas señales para complacer a los ŷinn.

Algunos de los árabes primitivos también adoraban a ciertos dioses y diosas. Aunque tales divinidades variaban según la tribu o zona de la península, al menos uno de esos dioses parece haber sido objeto de una creencia común: Alá, el creador del universo. Alá era probablemente considerado el dios supremo; pero, a diferencia de las otras deidades que estaban por debajo de él, se le creía poco implicado en la vida diaria de las personas.

La ciudad de La Meca

En La Meca y sus contornos, la región conocida como Hijaz, las deidades más importantes eran tres diosas que se decía eran hijas de Alá. Se les dedicaban ídolos y, a menudo, la zona de sus alrededor era considerada sagrada, dentro de la cual no se podía sacrificar ningún animal, y en la que los hombres de la tribu podían pedir refugio por cualquier causa.

Cuando nació Mahoma, La Meca era un importante centro religioso para las tribus de la Arabia occidental y central. Su santuario dedicado a las tres diosas principales estaba situado en una zona conocida como la Kaaba, en la cual había ídolos representando a aquellas y a otros dioses y diosas. La zona se hallaba dispuesta alrededor de una misteriosa piedra negra, tal vez un meteorito, que era objeto de veneración. Todos los años, los hombres de las tribus locales visitaban La Meca para ver la Kaaba. El peregrinaje, conocido como haŷŷ, incluía una procesión ceremonial alrededor de la capilla sagrada.

La Meca era, por tanto, un centro no solo comercial sino también religioso. Los peregrinos acudían a ella para practicar el culto en la Kaaba y, por ser un lugar sagrado y estar prohibida toda clase de violencia a su alrededor, muchos iban también a comprar y vender sus productos. Los que más se beneficiaban de esta actividad eran las familias comerciantes de La Meca.

En la época del nacimiento de Mahoma, los líderes de esas familias eran los que dominaban la sociedad de La Meca, ya que controlaban todo el tráfico de mercancías que entraban y salían de la urbe. Eran negociantes conscientes de que gran parte del comercio de la ciudad dependía de los peregrinos. Para asegurarse de que el peregrinaje se desarrollara de manera fluida, estas familias ejercieron el control del santuario de la Kaaba, y, con ello, virtualmente la vida de La Meca y zonas adyacentes. Para estos grandes clanes fue un tiempo de prosperidad y poder político.

Si bien era cierto que estos grupos se beneficiaban de la

prosperidad de La Meca, no podían decir lo mismo muchos otros habitantes de la zona. El incremento del comercio había creado nuevos valores y preocupaciones. Allí donde la tribu y la salud de la comunidad habían gozado de prioridad, ahora el materialismo y el nuevo afán por el enriquecimiento y el poder individual socavaban los valores tradicionales. Los clanes más poderosos fueron dominando cada vez más a los pequeños y más pobres, negándose a compartir con ellos una riqueza de la ciudad que iba incrementándose. Al cambiar los valores y ensancharse el abismo entre ricos y pobres, el resentimiento de los menos afortunados empezó a intensificarse.

El mundo en el que nació Mahoma era un mundo difícil. El cambio de unos valores comunales a una manera más individualista de vivir hizo que muchos se hicieran preguntas difíciles de contestar acerca del mundo que les rodeaba. Estas preguntas se referían menos a dinero y poder que al significado del mundo y del destino individual. Las prácticas tradicionales ya no proporcionaban las respuestas que aquella gente estaba buscando. Para muchos, fue una era de inquietud espiritual.

Algunos pudieron haberse convertido al cristianismo o al judaísmo, ya muy presentes en la península arábiga. Tribus judías habían vivido en la ciudad de Yatrib —un próspero centro agrícola no muy lejos de La Meca— durante generaciones y representaban una parte acomodada de la comunidad. Aunque no había tribus cristianas en Arabia en aquel tiempo, numerosos árabes cristianos habitaban en las zonas septentrionales de la península. Esos grupos, que comprendían varias sectas cristianas, dependían del imperio Bizantino, con capital en Constantinopla (conocida hoy por Estambul, la capital de Turquía). No hay duda de que los comerciantes de La Meca trataban regularmente con aquellos cristianos.

Los primeros años de Mahoma

Poco se sabe de los mecanos que se convirtieron al cristianismo y al judaísmo, pero es razonablemente cierto que al incrementarse sus contactos con el resto de Arabia y con las zonas de allende sus fronteras, llegaron a tener conocimiento de las creencias y prácticas de los judíos y los cristianos, las cuales pudieron ser atractivas para todos aquellos que se hallaban confundidos con preguntas acerca del destino individual, tales como las creencias religiosas.

En la misma ciudad de La Meca, sin embargo, ni el cristianismo ni el judaísmo tuvieron mucha presencia. Los poderosos clanes de comerciantes mantenían el control de la vida religiosa en la ciudad y presumiblemente ponían sumo cuidado en no permitir que nuevas confesiones cruzaran los límites. Los mecanos que no viajaban, por tanto, buscaban nuevas creencias dentro de su propia ciudad. El huérfano Mahoma iba a satisfacer muy pronto esa necesidad.

Poco se sabe de los primeros años de la vida de Mahoma. Su tío Abū Tālib le facilitó ropas y un hogar, pero nunca le enseñó a leer y escribir. Más adelante, en su vida, dependió de sus seguidores para verter en palabras la revelación, a fin de preservarlas. Se cree que, de adolescente, Mahoma trabajó como conductor de caravanas, acompañando a su tío y otros comerciantes en sus viajes al sur de Siria y por la misma península. De esta manera, Mahoma conoció lugares fuera de La Meca y se familiarizó con las diferentes costumbres, ya que la mayoría de mecanos trataban con otras tribus arábigas y con gente de habla arábiga establecida en Siria. Dado que entre ellas había comunidades cristianas, Mahoma entró en contacto con la tradición monoteísta. Cuánto pudo aprender acerca de las creencias cristianas, permanece incierto.

En el año 595, la vida de Mahoma tomó un rumbo espectacular. Mientras se hallaba al servicio de una mujer muy rica, llamada Jadīŷa, había demostrado tales dotes de inteligencia y responsabilidad, que aquella se sintió impresionada y le propuso el matrimonio. Él aceptó y, con ello, se convirtió en un afortunado miembro de la clase de comerciantes. Durante los quince años siguientes, Mahoma gozó de una vida de prosperidad. Como comerciante continuó viajando a otras zonas de la península y al lejano Norte, donde estableció contacto con las ideas y las prácticas de las comunidades judía y cristiana. También aquí es difícil saber lo que aprendió de aquellas creencias.

A diferencia de otros comerciantes, Mahoma encontró solamente una satisfacción pasajera en las comodidades que aquella vida le proporcionaba. Parece haber sido consciente de la degradación de los valores tradicionales que corroía a la sociedad mecana y de la desdicha que sufrían muchos habitantes de la zona. Habiendo conocido la pobreza de niño, Mahoma era sensible a los agravios que padecían los menos afortunados. Empezó a preguntarse qué dirección estaban tomando tanto su vida como su comunidad.

La revelación

A la edad de 40 años, Mahoma había empezado a dedicar parte de su tiempo a pensar en soledad en las cuestiones que le inquietaban. En ocasiones pasaba alguna noche en una pequeña cueva cercana a La Meca. El retiro era común entre los hombres, de modo que nadie encontró nada anormal en su comportamiento. Durante una de aquellas noches, Mahoma experimentó que lo que pensaba se traducía en extrañas visiones. Según se enseña a los musulmanes, el arcángel Gabriel se le apareció en forma humana. Agarrando a Mahoma por el brazo, le ordenó que recitara unas palabras. Cuando él lo hizo, el ángel le soltó.

Convencido de que, o había perdido el juicio, o los espíritus lo habían poseído, Mahoma huyó de la cueva. Mientras bajaba la cuesta de la colina oyó una voz detrás de él que le decía: «Oh, Mahoma, tú eres el mensajero de Dios, y yo soy Gabriel».

Confundido y aterrorizado, Mahoma estaba convencido de que estaba perdiendo la razón. Solo cuando las experiencias continuaron —y con el estímulo de Jadīŷa , quien tenía la seguridad de que las palabras procedían de Dios— empezó Mahoma a creer que las palabras que se le había hecho recitar eran revelaciones de Dios y que Dios esperaba ahora de él que le sirviera de mensajero divino.

Abrumado al principio, Mahoma hablaba de ello solamente a Jadīŷa y a unos pocos seguidores muy próximos. Pero, poco a poco, empezó a predicar más abiertamente a la comunidad mecana. Según nos dicen los biógrafos de Mahoma, este continuó recibiendo revelaciones durante los veinte años siguientes, y hasta el final de su vida las transmitió a sus seguidores. Es por ello por lo que los musulmanes llaman a Mahoma el mensajero de Dios.

Le costó a Mahoma varios años superar sus dudas iniciales y darse cuenta de la importancia de su tarea. Pero hacia el año 613 ya estaba convencido de que estaba llamado a seguir los pasos de los profetas que le habían precedido —Abraham, Moisés y Jesús, entre otros— y a transmitir la palabra de Dios a la humanidad. Como resultado, Mahoma asumió el título de Profeta de Dios y empezó a predicar abiertamente en las calles.

Al principio, el mensaje de Mahoma era simplemente uno: había un solo dios, Alá, y nada existía que se le pareciera. Al igual que los profetas anteriores a él, Mahoma también hablaba del poder de Dios y de la certeza de que llegaría el día del juicio final.

Al principio, los sermones de Mahoma fueron ignorados por los líderes de La Meca. Ya habían oído ideas similares de los judíos y de los cristianos, por lo que supusieron que Mahoma estaba repitiendo lo mismo. No pasó mucho tiempo, sin embargo, antes de que los mecanos empezaran a darse cuenta del significado de las enseñanzas de Mahoma. Por ejemplo, este emplazó al pueblo a adorar solamente a Alá y a abandonar el culto a las diosas. Explicó que la adoración de otra deidad cualquiera —ya fueran diosas, ídolos o ŷānn— era violar la absoluta unicidad de Dios.

Estas enseñanzas constituían un desafío al sistema entero sobre el cual los líderes mecanos habían establecido su poder y su riqueza. Por ello, al darse estos cuenta de que, si Mahoma tenía éxito en convencer a la gente de la verdad de su mensaje, aquella estructura se derrumbaría, decidieron conducir a Mahoma al fracaso.

La oposición a Mahoma

Cuando las principales familias de La Meca se volvieron en

contra de Mahoma, utilizando amenazas, insultos e, incluso, violencia física, Mahoma comprendió que él y sus seguidores debían abandonar La Meca. En el año 619 fueron a refugiarse a Ṭā'if, un pueblo cercano; pero la tribu principal de Ṭā'if, los Banū Ṯāqif, no les dejaron quedarse y se vieron obligados a volver a La Meca.

Este fue uno más en la serie de contratiempos que Mahoma sufrió en 619. Dos de sus más leales partidarios habían fallecido a primeros de aquel año: su querida esposa Jadīŷa y su tío Abū Ṭālib. Con la muerte de Abū Ṭālib, quien había protegido a los musulmanes, Mahoma perdió a un importante amigo.

Sin embargo, el año 619 fue marcado no solo por la tristeza; fue también el año en el cual, según la tradición islámica, Mahoma experimentó uno de los más importantes acontecimientos de su vida. Mientras dormía, una vez, cerca de la Kaaba, Mahoma fue despertado por el arcángel Gabriel. Con este como guía, Mahoma viajó a Jerusalén, y luego, desde una roca sobresaliente, subió al Cielo. Se dice que allí se encontró con los grandes profetas Abraham, Jesús, Moisés y otros. En el punto culminante de su viaje, se cree que estuvo ante Dios. Para los musulmanes, este milagroso viaje constituye una nueva evidencia de la naturaleza profundamente espiritual de Mahoma.

Mahoma todavía tenía que afrontar la hostilidad de los mecanos, por lo que era necesario encontrar un lugar fuera de La Meca donde él y sus seguidores fueran acogidos. La solución llegó en el año 620. Entre los peregrinos que visitaron La Meca aquel año había un grupo de hombres de la ciudad norteña de Yatrib (conocida también como Medina), quienes habían oído hablar de Mahoma y estaban impresionados por sus enseñanzas. En su primera reunión con él, le hablaron de los problemas que sufría Yatrib. Tribus rivales habían tomado las armas en una sangrienta lucha, y la ciudad estaba amenazada por el caos. Habiendo fracasado en hallar una solución, los hombres habían venido a buscar a un forastero que pudiera restaurar la paz.

En el transcurso de los dos años siguientes, los mismos hombres volvieron de Medina junto con otros, y un grupo de ellos se convirtió al islam. Estimulado por el nuevo apoyo, Mahoma alentó a sus seguidores de La Meca a que partieran para Medina, donde podrían empezar una nueva vida como musulmanes. Gradualmente, estos abandonaron La Meca y se trasladaron al Norte, al lugar que se convertiría en su hogar en la siguiente década.

Cuando Mahoma recibió la noticia de que un grupo de mecanos estaba planeando matarle, se dispuso a abandonar La Meca aquella misma noche. A últimos de septiembre de 622, Mahoma y su colaborador más próximo, Abū Bakr, emprendieron el camino hacia una gruta de las afueras de la ciudad. Allí se escondieron de los asesinos durante tres días. Según la leyenda, la entrada de la gruta se cubrió con la tela de una araña momentos antes de que pasaran por allí los mecanos. Uno de los hombres, desde su caballo, vio la delicada telaraña cubriendo la entrada y pensó que, con toda seguridad, nadie podía estar dentro.

Una vez despejado el camino, Mahoma y Abū Bakr se dirigieron a Medina, donde fueron recibidos con alegría por los musulmanes que les esperaban, junto con sus partidarios locales. Este viaje de La Meca a Medina es uno de los eventos clave en la vida de Mahoma. Significó, no solo su huida por seguridad, sino, mucho más importante, el establecimiento de la comunidad islámica. El viaje es conocido por los musulmanes como el Hiŷra, o hégira, y el acontecimiento fue reconocido como el comienzo del calendario islámico.

EL CALENDARIO ISLÁMICO

El calendario islámico es de carácter lunar, en contraposición al calendario solar utilizado en Occidente. Se basa en la translación de la luna; consta de nueve meses lunares y tiene unos once días menos que el calendario solar. El primer mes del calendario islámico es el Muharram, y el último, el Dhu-al-Hijŷa, el mes en que se realiza el peregrinaje a La Meca. El calendario de fechas islámicas data del viaje del profeta Mahoma de La Meca a Medina, conocido como el Hiŷra, o hégira. Se cree que Umar, el segundo califa, estableció este calendario.

MAHOMA: POLÍTICA Y PROFECÍA

La comunidad de musulmanes que dio la bienvenida a Mahoma en Medina estaba compuesta tanto por mecanos como por medinenses. Mahoma sabía que debía evitar cualquier favoritismo hacia cualquiera de esos grupos. En una de sus primeras decisiones como líder de esta comunidad, demostró sus dotes políticas. Ante las ofertas de ambos grupos de establecer su hogar con ellos, de modo sabio evitó la decisión. Simplemente dejó que su camello caminara en libertad, y en el lugar donde el animal se puso a descansar, Mahoma erigió su casa. Se construyeron varios cobertizos para Mahoma y las dos mujeres con las que se había casado tras la muerte de Jadīŷa en el año 619. Al lado, se despejó un gran espacio y se construyó allí una sencilla estructura. Esta fue la primera mezquita construida en Medina. Mahoma lo tenía ahora todo dispuesto para continuar la tarea que la divinidad le había encomendado.

Las responsabilidades de Mahoma en Medina eran desalentadoras. No solo continuó recibiendo revelaciones de Dios y enseñando a sus fieles, sino que, ahora, era el líder de la joven comunidad musulmana. Se encontró con multitud de problemas. Tenía que dar con la solución de las luchas que estaban dividiendo la ciudad; tenía que encontrar trabajo y refugio para los mecanos que le habían acompañado a Medina, y también tenía que encararse con el desafío de los clanes de comerciantes mecanos que estaban determinados a destruirle a él y a su comunidad.

Para solventar los problemas entre los medinenses, Mahoma convenció a los clanes en disputa de que tenían que formar parte de la comunidad de musulmanes. Elaboró una serie de acuerdos que forjaron fuertes vínculos entre los mecanos y los medinenses que habían aceptado sus enseñanzas. Se encontró, sin embargo, con una creciente desconfianza por parte de un grupo de Medina: las tribus judías.

Tres tribus formaban la población judía de Medina. Al principio, le habían dado la bienvenida por haberles prometido la paz. Pronto, sin embargo, empezaron a pensar de otra manera respecto a su liderazgo y sus prédicas. Inicialmente, Mahoma había considerado incorporar ciertas prácticas judías en los rituales del islam, y por una vez, musulmanes y judíos oraron juntos en dirección a Jerusalén. Luego, en el año 624, Mahoma recibió la inspiración de Dios para que instruyera a sus fieles con tal de que oraran en la dirección de La Meca. Esto causó una ruptura con las tribus judías. A partir de entonces, las relaciones entre los judíos de Medina y la comunidad musulmana empeoraron y terminaron en violencia. Dos de las tribus judías fueron expulsadas de Medina, mientras que los miembros varones de la tercera tribu fueron ejecutados a manos de los musulmanes.

Mahoma dedicó entonces su atención al problema de procurarles un medio de vida a los seguidores de La Meca que le habían acompañado a Medina. Esta ciudad era agrícola, pero los musulmanes mecanos carecían de experiencia en el cultivo. En lugar de hacerles aprender los trabajos del campo, Mahoma decidió comprometerlos en una actividad más familiar: la lucha. Tras armar a sus seguidores varones, Mahoma los lanzó contra las caravanas que cruzaban la península. Hubo una serie de asaltos que terminaron con éxito, y, de esta forma, la comunidad musulmana pudo satisfacer sus necesidades.

El choque armado

Los mecanos se sintieron ultrajados. Dependían del comercio de las caravanas para su sustento y vieron esos ataques como un intento de Mahoma de socavar su poder. Su oportunidad de responder a los musulmanes surgió en el año 624. Se sabía que una gran caravana iba a desplazarse desde el Norte hasta La Meca. Con la sospecha de que los musulmanes la atacarían, los mecanos mandaron a la zona fuerzas armadas para escoltar la caravana.

Mahoma mandó, efectivamente, un grupo de salteadores

contra la caravana. En un lugar llamado Badr se enfrentaron ambas fuerzas. Aunque los musulmanes eran inferiores en número, en una proporción de 3 a 1, lucharon con ardor y finalmente derrotaron a los mecanos. Esta victoria fue vista por los musulmanes como una prueba de la acción divina y de que ellos habían sido efectivamente escogidos por Dios con un propósito especial.

Al año siguiente, los líderes mecanos se dispusieron a vengarse de la derrota de Badr. Organizaron una gran fuerza y se lanzaron a la lucha contra Mahoma y su gente. Ambos ejércitos se encontraron cerca de la montaña de Uhud, y esta vez la batalla terminó con una gran derrota de los musulmanes, con muchísimas bajas entre muertos y heridos. El hecho constituyó un gran golpe para los musulmanes, algunos de los cuales empezaron a cuestionar si Dios estaba realmente detrás de Mahoma y su comunidad. El debate fue zanjado cuando Mahoma recibió una revelación según la cual la derrota significaba como una prueba para el verdadero creyente. Aquellos que se mantuvieran firmemente en sus creencias recibirían la recompensa de Dios.

A pesar de su victoria, los mecanos regresaron a La Meca, y dieron a los musulmanes la oportunidad de reagruparse. Al año siguiente, los musulmanes se enfrentaron, quizá, con el mayor de los retos de La Meca. En un esfuerzo para aniquilar la comunidad musulmana, los mecanos organizaron un gran ejército que marchó directamente hacia Medina. Siguiendo el consejo de uno de sus seguidores, Mahoma había hecho cavar una larga trinchera frente a Medina. La trinchera impidió que los mecanos accedieran a la ciudad. Al cabo de un tiempo, las fuerzas mecanas fueron presas de la inquietud; muchos de los nómadas que componían el ejército lo abandonaron y hubo que poner fin a la campaña. Aunque había habido poca lucha, los musulmanes consideraron el hecho como una victoria y una prueba más de que Dios estaba de su lado.

Después de esta batalla, Mahoma se enfrentó a la última de las tribus judías. Esta había negociado con los mecanos y por ello fue acusada por los musulmanes de traición. Después de rendirse a las fuerzas de Mahoma, los hombres de la tribu fueron pasados a cuchillo, y las mujeres y niños vendidos como esclavos. Esto terminó con toda oposición a Mahoma dentro de Medina. Ahora, Mahoma dedicó sus esfuerzos a derrotar a sus antiguos enemigos: los líderes de La Meca.

Con la esperanza de resolver el asunto sin más derramamiento de sangre, Mahoma anunció que él y un grupo de musulmanes se trasladarían a La Meca para celebrar las ceremonias tradicionales en la Kaaba. Cuando llegaron a la ciudad, sin embargo, se encontraron con que un número de hombres armados les hacían frente. Mahoma insistió en que sus intenciones eran pacíficas, pero las fuerzas mecanas no se retiraron. Tras acaloradas negociaciones, los musulmanes aceptaron marcharse y no volver hasta el año siguiente, cuando entrarían en la ciudad para asistir a las ceremonias. Aunque muchos musulmanes quedaron decepcionados ante la decisión de no atacar La Meca, Mahoma les hizo ver que el acuerdo representaba el reconocimiento, por parte de los mecanos, del liderazgo de Mahoma y de la fortaleza de la comunidad musulmana. Y esto representaba una victoria para ellos y el islam.

Tras dejar de lado, por el momento, el asunto de los mecanos, Mahoma decidió someter aquellas tribus de la región que habían dado apoyo a sus enemigos. Emprendió la marcha hacia la ciudad de Jaybar, la cual tomaron sus fuerzas después de un prolongado asedio. Luego los musulmanes prosiguieron su campaña de luchar contra las tribus que se habían aliado con sus adversarios. Todas fueron derrotadas, y una a una fueron obligadas a jurar fidelidad al islam. Con estas victorias, el dominio de Mahoma sobre la península había quedado asegurado.

Al año siguiente, los mecanos abrieron su ciudad a los musulmanes, quienes pacíficamente llevaron a cabo sus ceremonias bajo el liderazgo de Mahoma. Un año más tarde, sin embargo, las tensiones volvieron a ponerse de manifiesto, y Mahoma decidió usar la fuerza contra los mecanos. Con su ejército, marchó sobre La Meca dispuesto para la batalla. Al aproximarse a la ciudad, no obstante, se encontró con que el jefe de los mecanos, Abū Sufyan, había decidido que La Meca no podía ya ofrecer resistencia a los musulmanes. Abū Sufyan rindió la ciudad y el sagrado santuario a Mahoma.

Al entrar en la ciudad, Mahoma se dirigió directamente a la Kaaba. Colocando su mano sobre la piedra negra, gritó con voz clara: «Alláhu ajbar» (Dios es el más grande). Con esto, Mahoma estaba afirmando lo más básico de las creencias islámicas: la suprema unicidad de Dios. Luego ordenó que los ídolos de la Kaaba fueran destruidos. Esto significó el fin del culto a las diosas y el uso de la Kaaba como santuario de este culto. La Kaaba, a partir de aquel momento, fue proclamada por los musulmanes el santuario central de la religión islámica, un estatus que mantiene todavía hoy.

Victoria y peregrinación final

Transcurría el año 630 y Mahoma permaneció en La Meca

solo durante un corto tiempo, el suficiente para establecer el control musulmán sobre la ciudad y ganarse el apoyo de la población mecana. Durante los dos años siguientes, Mahoma expandió su influencia por toda la península arábiga. Mandó enviados a las tribus distantes, llamándolas a convertirse al islam. Muchas tribus lo hicieron con pocas protestas, mientras que otras fueron convencidas solamente por el uso de la fuerza. No mucho más tarde, Mahoma controlaría la mayor parte de la península.

En el año 632, Mahoma volvió nuevamente a La Meca con motivo del peregrinaje anual a la Kaaba. En años anteriores, Mahoma había permitido peregrinar tanto a musulmanes como no musulmanes. Este año, sin embargo, dispuso que solo los musulmanes podían orar en la Kaaba. A partir de entonces, los rituales y el sagrado santuario había que dedicarlos únicamente a la adoración de Alá.

En el décimo día de la peregrinación, después de los rituales requeridos, Mahoma se dirigió a los musulmanes en su último gran sermón. Les habló de sus obligaciones como miembros de la comunidad musulmana y les exhortó a que trataran bien a los demás y a mantener así la unidad del islam. Terminó su sermón con este recordatorio: «He dejado entre vosotros aquello que, si os aferráis bien a ello, os librará de todo error: una clara indicación, el Libro de Dios, y la palabra de Su Profeta. Oh, pueblo, escuchad mis palabras y comprended».

Luego les recitó la revelación final, la que, según se cree, había recibido de Dios solo poco tiempo antes:

Hoy los incrédulos han desaparecido de tu religión;
por tanto, no los temas, pero tékmeme a Mí.

Hoy he perfeccionado tu religión para ti,
y he completado Mi bendición sobre ti,
y he aprobado el islam como tu religión. (3.3)

Terminada la peregrinación, Mahoma partió hacia Medina. Conocida como Peregrinación del Adiós, esta sería la última vez que Mahoma viera La Meca. No mucho más tarde, después de su regreso a Medina, Mahoma cayó enfermo y a última hora del día 12° de Rabí I, tercer mes del calendario islámico, murió.

La comunidad islámica se enfrentó entonces a una cuestión problemática: ¿quién iba a liderar la comunidad, ahora que Mahoma se había ido? Al aportar el Corán a la humanidad, había cumplido con su tarea como mensajero de Dios. Sin embargo, también había fundado una comunidad que había dependido de su liderazgo y de sus enseñanzas. Después de la muerte de Mahoma, correspondía a la comunidad hallar un sucesor.

Capítulo 3

La expansión del islam

Mahoma no había dejado instrucciones acerca de cómo escoger un sucesor. Los mismos musulmanes tenían que resolver este problema de la mejor manera posible.

En la noche del día de la muerte de Mahoma, un grupo de musulmanes debatieron el problema. Finalmente, escogieron a Abū Bakr como su nuevo líder. Este había sido uno de los primeros mecanos en convertirse al islam y había dado suficientes pruebas de lealtad a Mahoma. La decisión fue aprobada por la comunidad, y se dio a Abū Bakr el título de «califa», o sucesor, lo cual quería decir que asumía las funciones de Mahoma como líder político de la comunidad islámica. El Estado sobre el cual él, y los que le sucedieran, ejercería su gobierno, sería llamado «califato».

Los primeros tres califas y las primeras conquistas

Bajo el liderazgo de Abū Bakr, la comunidad islámica dio un paso importante: la conquista final de la península arábiga. En vida de Mahoma, la mayoría de las tribus árabes de Arabia habían aceptado las enseñanzas del islam. Después de su muerte, no obstante, muchas desertaron. Abū Bakr envió fuerzas para obligar a aquellas tribus a someterse de nuevo a las reglas del islam. En poco tiempo, la península entera cayó bajo el control musulmán.

La decisión de expandir el dominio más allá de los límites de la península arábiga ya la había tomado Mahoma; pero al haber fallecido antes de llevar a cabo sus planes, correspondía ahora a Abū Bakr y a sus sucesores ponerlos en práctica.

El Oriente Medio se hallaba a la sazón sometido al poder de dos imperios rivales. En las zonas de lo que hoy llamamos Siria, Egipto y Turquía, el imperio Bizantino se tambaleaba. Más al Este, en Irak e Irán, dominaba el imperio de los sasánidas. Las décadas de conflicto entre los dos imperios habían debilitado a ambos, tanto política como económicamente. Ningún imperio estaba preparado para afrontar la inesperada amenaza que representaba la península arábiga por el Sur.

Aunque Abū Bakr organizó los primeros ataques contra Siria e Irak, murió poco después de que la lucha empezara, en 634. El puesto de califa fue entonces ocupado por ʻUmar ibn al-Jattāb. ʻUmar, quien iba a ser líder de los musulmanes durante una década aproximadamente, demostró que la elección había sido acertada.

Experto tanto en política como en estrategia militar, ʻUmar I está considerado como una de las más grandes figuras de la antigua historia islámica porque, bajo su liderazgo, el imperio Islámico floreció y se expandió. Sus ejércitos penetraron en Siria y derrotaron a las fuerzas bizantinas. Ocuparon Damasco y Jerusalén. Luego atacaron Egipto, donde, de nuevo, las fuerzas bizantinas fueron derrotadas y obligadas a retirarse hacia el Norte.

Entretanto, los ejércitos musulmanes luchaban contra la dinastía sasánida en Irak e Irán. En muchas batallas infligieron importantes bajas a las tropas persas. Aunque 'Umar no viviría para asistir al declive definitivo del imperio Sasánida, hacia el final de su vida, todo el Irak y una larga extensión del Irán habían caído en manos de los musulmanes.

A la muerte de 'Umar en 644 se nombró a otro califa para el gobierno del creciente imperio. Fue 'Utmán ibn 'Affān, un comerciante perteneciente a la familia Omeya. Esta familia se había opuesto a Mahoma cuando este empezó a predicar en La Meca y después de partir hacia Medina. Si bien los Omeya se habían convertido finalmente al islam, todavía existían recelos entre ellos y otros grupos dentro de la comunidad islámica. Durante el califato de 'Utmān, esos recelos se acrecentaron hasta que muchos musulmanes empezaron a manifestar su oposición.

Bajo 'Utmān I, las fuerzas musulmanas siguieron conquistando nuevos territorios. Desde Egipto avanzaron hacia el occidente y se adentraron en el norte de África; y en Irán continuaron derrotando a los sasánidas. Pronto, sin embargo, los musulmanes se vieron obligados a fijar su atención a la creciente tensión existente entre 'Utmān y varios grupos dentro de la comunidad.

Por primera vez, musulmanes contra musulmanes

Las tensiones finalmente estallaron en el año 656 con el asesinato de 'Utmān. Pese a que se eligió rápidamente a un nuevo califa, el crimen originó ondas de choque a través de la comunidad y condujo a la guerra civil. Por primera vez, los musulmanes fueron armados para luchar entre ellos. El hombre escogido para suceder a ʻUtmān fue ʻAlī ibn Abū Tālib, sobrino y primo de Mahoma, y uno de los primeros conversos. Pese a ser altamente respetado por su estrecha relación con Mahoma y por su servicio al islam, ʻAlī se encontró pronto enfrentado con serios problemas.

La familia de Utmān, los Omeya, estaba ahora liderada por Mu'āwiyya, entonces gobernador musulmán de Siria. Era severamente crítico contra ʻAlī por no haber hecho lo bastante para castigar a los asesinos de ʻUtmān. Cuando ʻAlī trató de hacer dimitir a Mu'awiyya como gobernador y este rehusó hacerlo, ʻAlī se vio obligado a mandar un ejército contra él. Desde un principio, las tropas de ʻAlī se impusieron a las del gobernador, quien, desesperado, pudo convencer a ʻAlī para que se entablaran negociaciones. Este accedió y la lucha se detuvo. Fue una decisión de la que muy pronto tendría que arrepentirse.

La flor y nata del ejército de ʻAlī estaba formada por sus seguidores más próximos. Cuando ʻAlī estableció conversaciones con los sirios, un grupo de esos seguidores rompieron con él por considerar que no tenía ningún derecho a detener la lucha. Como musulmanes fervientemente devotos, dijeron que solo Dios tenía el poder de tomar una decisión así. Según su punto de vista, la única persona que tenía derecho a gobernar la comunidad era el sucesor de Mahoma, que era ahora ʻAlī; cualquiera que le desafiara actuaba contra la comunidad y, todavía peor, contra la voluntad de Dios. Y decidieron que, puesto que ʻAlī no había defendido a la comunidad derrotando a Mu'āwiyya, había actuado contra Dios y, por tanto, ya no merecía ser el califa.

Este grupo, conocido como los jāriŷíes, se levantó entonces en armas contra la comunidad. ʻAlī, como jefe, no tuvo otra alternativa que actuar con las armas contra sus antiguos seguidores. Después de varias batallas, pudo someter a los jāriŷíes. Sin embargo, no pudo aplastar completamente el movimiento y, en 662, un jāriŷī apuñaló a 'Alī, y lo dejó sin vida.

La lucha civil había creado profundas divisiones dentro de la comunidad islámica, y no estaba nada claro quién iba a gobernar. El vacío fue aprovechado por Mu'āwiyya, quien era todavía gobernador de Siria y jefe de un poderoso ejército. Reclamando el título de califa para sí, Mu'āwiyya trasladó la capital del imperio de Medina a Damasco. Aunque muchos se opusieron a esta decisión, ningún otro grupo podía desafiar al antiguo gobernador.

Los omeyas y los chiítas

El traslado a Damasco marcó el fin del primer período de la historia islámica. Lo que había sido una pequeña comunidad de musulmanes centrada alrededor de Mahoma, se había convertido ahora en un poderoso imperio que controlaba gran parte del Oriente Medio y África del Norte. Una nueva dinastía, la de los Omeya, ejercía ahora el control del califato y se encontró con todos los problemas inherentes a la gobernación de un enorme imperio.

Entre estos problemas se hallaba la oposición de los jāriŷíes. A pesar de haber sido derrotados por 'Alī, los jāriŷíes continuaban atrayendo a seguidores con su radical mensaje de que los Omeya habían usurpado el poder en contra de la voluntad de Dios. Calificando a estos gobernantes de ilegítimos, inducían a los musulmanes a levantarse contra esta dinastía. En respuesta, los omeyas mandaron sus fuerzas contra los jāriŷíes, pero con resultados a medias. Si bien derrotaron a los radicales en batalla, no pudieron detener la difusión de sus ideas.

Los omeyas se enfrentaban, además, con la oposición de otro grupo: los seguidores de 'Alī ibn Abū Tālib y su familia. Como antiguo converso al islam, 'Alī había atraído a un grupo de seguidores intensamente leales, conocido como el Šī'i at 'Alī, o seguidores de 'Alī. Estos chiítas (o grupo del Šī'i at), como se dieron a conocer, habían luchado con 'Alī contra Mu'āwiyya y los omeyas. Aunque el asesinato de Alī les había afectado profundamente, permanecieron leales a su nombre y a su familia.

Los chiítas creían que, cuando Mahoma murió, este había deseado que fuera 'Alī su sucesor como líder de la comunidad. Argumentaban que Mahoma había pronunciado un sermón en el cual dijo que, después de que él se hubiera ido, los musulmanes debían seguir a 'Alī. Por esta razón, cuando Abū Bakr, 'Umar y 'Utmān fueron escogidos como nuevos califas, los chiítas protestaron, diciendo que solo 'Alī y su familia tenían derecho a liderar la comunidad tras la muerte de Mahoma. Y los chiítas quedarían, a partir de ahora, como una secta islámica minoritaria, a menudo perseguida por la mayoría de musulmanes que pertenecían a la rama sunní y consideraban inaceptables las creencias de aquella secta.

Tras la muerte de 'Alī, los chiítas fijaron su atención en el hijo de 'Alī, Hasan. Entonces, Hasan era un estudiante de religión en la ciudad de Medina y se mantuvo alejado de la política ante la decepción de los chiítas, hasta su muerte en 669. La lealtad de los chiítas pasó luego a su hermano, el famoso Husayn.

Husayn era cortado de un patrón distinto al de su hermano. Aunque cauteloso, estaba también muy orgulloso del nombre de su familia. Cuando los chiítas le rogaron que reclamara su derecho al califato en el año 680, Husayn aceptó intentarlo. Solo poco tiempo antes había llegado la noticia de la muerte de Mu'āwiyya. El hijo de este había heredado el puesto, pero el chiismo vio que el tiempo había madurado lo suficiente para la revuelta. Su centro de actividad se hallaba en la ciudad de Kūfa. Mandaron mensajeros a Husayn en Medina, rogándole que fuera a Kūfa para tomar el mando y conducirlos a la lucha contra los odiados omeyas.

Husayn decidió probar suerte. Partió para Kūfa con su familia y un pequeño grupo de seguidores. El califa omeya Yazīd, al tener noticia de la marcha de Husayn, inmediatamente movilizó tropas para impedir que el grupo llegara a Kūfa. Cerca de la ciudad de Kar-balá' sobrevino la tragedia. Husayn y su pequeño grupo fueron atacados por las tropas omeyas. Uno a uno, los seguidores de Husayn cayeron, seguidos finalmente por el mismo Husayn. Se dice que los soldados vacilaron antes de dar el golpe final al nieto del Profeta.

También se dice que Husayn fue decapitado por uno de los soldados. Su cabeza fue enviada a Damasco, donde Yazīd se recreó con ella e hizo crudos comentarios acerca de Husayn y el resto de la familia de 'Alī. Por su orden de dar muerte a Husayn, Yazīd no sería jamás perdonado por los chiítas.

Estos acontecimientos, ocurridos durante el mes de Muharram, fueron sentidos muy profundamente por los chiítas. Habían puesto grandes esperanzas en Husayn, y su muerte fue como un jarro de agua fría para la comunidad. A la tristeza que experimentaron se mezclaba un sentimiento de culpabilidad, puesto que no habían acudido en su ayuda cuando les necesitaba. Desde entonces, los chiítas recuerdan el sacrificio de Husayn con rituales especiales y plegarias todos los años durante el Muharram, el primer mes islámico.

La muerte de Husayn no puso fin a las actividades de los chiítas, muchos de los cuales empezaron a revisar la lista de otros miembros de la familia de 'Alī para encontrar quien los liderara. Durante las décadas siguientes, estos hombres organizarían revueltas contra los omeyas, pero sin éxito. Para los omeyas, los chiítas constituyeron siempre un problema espinoso.

Los omeyas y nuevas conquistas

Aunque los omeyas fueron finalmente derrocados, los chiítas los consideraron para siempre como un símbolo del gobierno injusto. Incluso hoy, cuando los chiítas critican a los modernos líderes políticos, a menudo los comparan con los omeyas del siglo VII.

La dinastía Omeya duró aproximadamente cien años, durante los cuales el imperio Islámico creció en tamaño y poder. Las fuerzas omeyas extendieron el dominio del islam hacia el Oeste, a través del norte de África hasta la costa atlántica. Enfocados hacia el Norte, los ejércitos musulmanes cruzaron el estrecho de Gibraltar e invadieron España. Rápidamente, cruzaron la península y se adentraron en el sur de Francia. En el año 732 fueron finalmente detenidos por el ejército franco bajo el mando de Charles Martel. A pesar de esta derrota, España continuó en manos de los musulmanes, y durante los 750 años siguientes sería una dinámica tierra islámica.

Los ejércitos omeyas continuaron avanzando hacia oriente.

Las zonas restantes de Irán cayeron en poder de los musulmanes, como lo hicieron Afganistán y el territorio llamado hoy Pakistán. Con esas nuevas posesiones, el imperio alcanzó nuevas cotas de poder. Gran parte de la riqueza del califato omeya provino de los impuestos que los califas imponían a los pueblos conquistados a través de los años.

Pero, pese a su autoridad, los omeyas se enfrentaban todavía con serios problemas. Los jāriŷíes y los chiítas permanecían todavía activos, y ambos grupos —especialmente el segundo— difundían propaganda en contra de los omeyas. En ocasiones, uno u otro —o ambos— de estos movimientos organizaban revueltas sangrientas. Pero no eran solo ellos los que se oponían a los omeyas; muchos otros musulmanes se mostraban indignados frente a la dinastía gobernante. Una queja muy común era la de que la riqueza y los privilegios no eran justamente distribuidos por los omeyas y sus secuaces.

Estos sentimientos de frustración alimentaron un movimiento revolucionario que se había estado organizando secretamente en la provincia oriental de Jurāsān, que hoy forma parte del Asia Central. Hacia el año 750, la familia Omeya tuvo que ponerse a la defensiva. Gran parte del imperio había caído en manos de los revolucionarios, quienes eligieron a un nuevo califa: Abū-l-'Abbās al-Saffāh, un miembro de la familia Abbasid, el cual gobernó durante poco tiempo antes de que su hermano, al-Mansur, ocupara el poder. Al-Mansur ejerció el califato durante muchos años.

El califato abasí

La dinastía de los Abbasid (abasíes) gobernó del 750 al

1258. En los primeros años de su reinado, alcanzaron vertiginosos niveles de poder y riqueza. Su imperio se extendía desde Marruecos a la India, y sus califas se ganaron el respeto de todo el mundo. Su riqueza procedía de varias fuentes. Con su ejército y su marina, los califas abasíes controlaban las rutas comerciales que cruzaban el imperio en todas direcciones. Su imperio producía enormes cantidades de productos agrícolas y obtenían grandes ingresos con la recaudación de impuestos, lo que permitió a los primeros abasíes vivir con gran esplendor.

Para gobernar el imperio, los abasíes desarrollaron una gran estructura burocrática con sede en Bagdad. Muy pronto, esta nueva capital se convirtió en un gran centro urbano, foro de la actividad política y económica de todo el imperio. Para defenderse a sí mismos y al imperio, organizaron un poderoso ejército basado en guarniciones establecidas en todas las tierras islámicas. Una impresionante red de inteligencia respaldaba al ejército con informadores que operaban en cada rincón del imperio. La parte del ejército más importante se mantuvo en Bagdad, donde podía defender a la familia reinante y al Estado.

Bajo los primeros califas abasíes, la comunidad islámica experimentó un período de brillantez cultural. En Bagdad y otras ciudades, los califas usaban su influencia para estimular a poetas, escritores y músicos. En este período, se crearon grandes obras, como la famosa Noches de Arabia (conocida también como Las mil y una noches). Los abasíes también contrataron a arquitectos y constructores para edificar palacios y magníficas casas residenciales tanto en la capital como en varias regiones. Por un corto período, la capital fue trasladada a la ciudad de Samarra, a orillas del Tigris, donde pueden verse todavía las ruinas de muchos palacios construidos por esta dinastía.

Los abasíes promovieron también la comunidad escolar. En Bagdad y otras ciudades urbanas se llevó a cabo un brillante trabajo en centros intelectuales. Colaborando con eruditos judíos y cristianos, los pensadores musulmanes se dispusieron a traducir y estudiar las aportaciones de otras grandes culturas, incluidas las de Grecia y la India. Muchas obras sobre matemáticas, medicina, teología y filosofía fueron traducidas al idioma arábigo. Utilizando estos trabajos, los musulmanes crearon sus propios cuerpos de ideas, los cuales dejaron escritos en muchos libros.

Entre las realizaciones de este período se halla el desarrollo del sistema legal islámico. La base de este nuevo código fue, naturalmente, el Corán y las enseñanzas de Mahoma. Utilizando estas dos fuentes como guía, los estudiosos elaboraron una serie de leyes y disposiciones conocidas como la Šārī'a. Tal como ellos lo veían, esta iba a ser la base de la sociedad islámica. Para promover estas leyes y disposiciones, los expertos también trabajaron con el gobierno con el fin de establecer un sistema judicial islámico. A la cabeza de este nuevo sistema figuraban los jueces estatales, los qādis.

El hundimiento del imperio

Hacia mediados del siglo X, el imperio Islámico había dado origen a una nueva gran civilización. El idioma arábigo y la religión del islam se habían enraizado en todo el Oriente Medio, África del Norte, España y Asia Central. Un impresionante número de personas se habían convertido al islam y contribuido con su energía a la nueva civilización. En leyes, religión, educación, arte, ciencia y comercio, la comunidad islámica vivía en la edad de oro. Fue uno de los brillantes períodos de la historia de la humanidad.

Aunque las realizaciones culturales mantuvieron su vigencia durante el reinado abasí, en el siglo X surgieron nuevos problemas políticos que los califas no fueron capaces de resolver. Era especialmente difícil conservar la unidad del imperio. Durante más de un siglo, a través de la diplomacia y la fortaleza del ejército, los califas abasíes habían ejercido el control del imperio. Hacia el siglo IX, sin embargo, este control empezó a relajarse. En el norte de África y en otras regiones, los líderes locales empezaron a actuar por su cuenta. A menudo continuaban reconociendo el liderazgo del califa mientras establecían sus propias normas en una región particular.

Hacia mediados del siglo X, los califas fueron forzados a reconocer el final de su poder. En 945, un fuerte ejército comandado por una dinastía persa llamada de los Būwayhíes, o Būyíes, marchó sobre Irak y ocupó Bagdad. Aunque permitieron al califa mantener su título oficial, gobernaron ellos el imperio.

Otra evolución dividió nuevamente al mundo islámico a finales del siglo X. En los comienzos de aquel siglo, un grupo de chiítas había logrado fundar un pequeño Estado en el norte de África. Desde este centro de poder, lanzaron ataques contra Egipto. En 969, esos líderes, de la dinastía llamada Fatimita, conquistaron Egipto y fundaron una nueva ciudad: El Cairo, la cual se convirtió en su capital. Esta dinastía gobernaría en Egipto durante 200 años, durante los cuales se mantendrían en conflicto casi constante con las regiones sunníes, todavía bajo el gobierno nominal de los califas abasíes.

En el apogeo de su poder, los fatimitas gobernaron en un amplia zona que incluía Egipto, gran parte de Siria, Persia, la península arábiga y norte de África. Consecuentemente, se convirtió en un poderoso Estado. Bajo los fatimitas, Egipto experimentó un período de gran crecimiento cultural y El Cairo devino una ciudad grande y bulliciosa. Los fatimitas construyeron en ella una serie de mezquitas y palacios, muchos de los cuales pueden verse todavía hoy.

Entre sus realizaciones se encontraba la creación del complejo de al-Azhar, centro religioso y educativo que sobreviviría a la caída de la dinastía fatimita en el siglo XII. Hoy es una gran universidad que atrae a estudiantes de todo el mundo islámico. Originalmente un centro de educación chiíta, es ahora un centro de pensamiento sunní.

El dominio fatimita terminó en 1171, cuando El Cairo fue invadido por el ejército de Salāh al-Dīn Yūsuf, conocido en occidente como Saladino. Su victoria representó la extinción del poder chiíta en Egipto y fue calurosamente recibida por los habitantes de Egipto. Muchos de ellos no habían aceptado nunca las creencias de los chiítas, prefiriendo ser sunníes o cristianos. Feliz de recibir tantas alabanzas, Saladino tuvo que dedicar luego sus energías a Jerusalén, entonces bajo el dominio de las fuerzas de las Cruzadas cristianas.

Las Cruzadas fueron una serie de campañas lanzadas durante cuatro siglos, habiendo empezado con un ataque a Jerusalén a finales del siglo XI. Inicialmente, los cristianos consiguieron su objetivo: la conquista de la ciudad santa. Esta victoria, en 1099, fue seguida de la fundación de pequeños reinos en la costa mediterránea.

La caída de Jerusalén fue un duro golpe para muchos musulmanes. Para ellos, Jerusalén encerraba una gran importancia simbólica. Fue desde Jerusalén, según la tradición islámica, desde donde Mahoma había ascendido al Cielo. Los califas omeyas habían construido allí una famosa mezquita, la Cúpula de la Roca, en el lugar en que se suponía que aquel había emprendido su milagroso viaje. Muchos creyentes no cejaron en la esperanza de ver la ciudad de nuevo en manos musulmanas.

Correspondió a Salāh al-Dīn llevar a cabo la tarea. Después de tomar Egipto, siguió hasta conquistar Mesopotamia, estableciendo así un Estado unificado. Desde esta posición o fortaleza, lanzó a su ejército contra los cruzados en 1187. Tras derrotarlos, sus tropas restablecieron el dominio islámico en Jerusalén.

Mientras tanto, en Bagdad los califas abasíes continuaban como meras figuras. El imperio sobre el cual la dinastía había gobernado un día estaba ahora roto en pequeñas partes. Muchos de estos Estados eran controlados por militares que mostraban muy poco interés en asuntos de religión. Profundas diferencias políticas y religiosas dividieron a la comunidad islámica.

Durante la primera parte del siglo XIII, los ejércitos mongoles habían estado barriendo las vastas tierras de China y Rusia, avanzando por el oeste hacia el Asia Central. Allá por la década de 1250, los mongoles, bajo el mando de Hūlāgū, avanzaron rápidamente hacia Persia, y llegaron a las puertas de Bagdad. Allí exigieron la rendición incondicional del último califa abasí, al-Musta'sim. Con pocas fuerzas políticas y ninguna militar a su disposición, el califa no tuvo alternativa y aceptó rendirse. Bagdad fue invadido por las tropas mongoles. El califa y su familia fueron conducidos a un pequeño pueblo y ejecutados, dando así un triste final al, un día poderoso, califato abasí.

Salah al-Din

Salah al-Din I, conocido a menudo como Saladino, fue un nombre casi familiar en Europa durante el período de las Cruzadas. Aunque infligió una derrota a las fuerzas cristianas, trataba a sus enemigos con compasión y caballerosidad. Muchos historiadores han señalado que el carácter bondadoso de Saladino contrastaba con las malas maneras de los líderes de los ejércitos cristianos, que se comportaban de forma bárbara con las poblaciones civiles del Oriente Medio.

Tres nuevos imperios musulmanes

Ya nunca más volvería a reinar una dinastía en la totalidad del mundo islámico. La muerte del último califa abasí cerró un largo —y a veces glorioso— capítulo en la historia del islam. En el apogeo del califato, el poder y los logros culturales del mundo islámico fueron altamente renombrados. La unidad política del imperio que había hecho esto posible había terminado. Lo que no se había extinguido, sin embargo, eran los profundos lazos espirituales y culturales existentes entre las muchas regiones del mundo islámico.

Incluso con lo que se consiguió con el califato abasí, el mundo islámico tenía que alcanzar todavía su cumbre política y cultural. Las invasiones mongólicas habían sido devastadoras. Sin embargo, hacia el siglo XV, no solamente el mundo islámico se había recuperado de las invasiones, sino que había empezado a dar grandes pasos adelante. Con el surgimiento de tres nuevos imperios, la mayoría de regiones del islam contaron ahora con un dinámico liderazgo político.

En el apogeo de su poder, estos tres Estados ejercieron su dominio sobre una vasta zona, extendiéndolo desde lo que se conoce hoy como Bangladesh oriental hasta lo que es Argelia. En el Este, gobernando sobre el subcontinente indio, estaba el imperio mogol con su capital en Delhi. En Irán, la dinastía Safawī estableció un nuevo Estado chiíta gobernado desde Isfahān. Y a partir de mediados del siglo XIV se levantó un poderoso Estado turco en Anatolia, conocido como imperio Otomano. En tiempos de su máximo poder, los otomanos controlarían una zona que incluía la mayor parte del norte de África y el Oriente Medio, toda Anatolia y una gran parte del sudeste de Europa. En 1453, un emperador otomano, Mehmet II, sitió Constantinopla, la capital de lo que había sido el gran imperio Bizantino. La ciudad cayó, y los nuevos gobernantes musulmanes la rebautizaron con el nombre de Estambul.

Los gobernantes de estos tres imperios no eran guías espirituales o maestros como lo había sido Mahoma. Su cometido, al menos en términos teóricos, consistía en mantener la fe islámica y tratar de que todas las tierras del islam estuvieran bien defendidas contra cualquier amenaza interna o externa. De esta forma, al igual que los antiguos califas, los dirigentes mogoles, safawíes y otomanos tenían responsabilidades tanto políticas como religiosas.

El poder político de estas dinastías coincidía con la actividad cultural y económica de todo el mundo islámico. Uno de los más conocidos ejemplos de la arquitectura islámica, el Táj Mahal, fue construido por un miembro de la dinastía mogol. Al igual que los gobernantes mogoles, los safawíes también dedicaron mucho interés a los asuntos religiosos y culturales. 'Ābbās I, el más grande de los líderes safawíes, reinó desde 1588 a 1629 e hizo mucho para promover el arte y la arquitectura iraní. Junto con los magníficos edificios construidos en Isfahán, la capital, los artistas iraníes produjeron obras de caligrafía y pinturas en miniatura, así como ilustración de manuscritos. Otros integrantes de la misma dinastía también estimularon los trabajos de los expertos en religión y leyes, muchos de los cuales trabajaban como funcionarios del gobierno en escuelas, mezquitas y centros culturales.

Las realizaciones de los sultanes otomanos no fueron menos brillantes. En sus momentos de máximo prestigio crearon un ambiente en el que florecieron estudiantes, artistas, músicos, arquitectos y poetas. Las bellas mezquitas y otros edificios del Estambul moderno dan fe del entorno cultural fomentado por esos gobernantes.

Este período fue testigo asimismo de una gran actividad comercial. Las tres dinastías pudieron mantener en todas las zonas bajo su control la estabilidad política y económica. Durante todo este período, los comerciantes compraban y vendían una gran variedad de mercancías, desde carísimas especias, ropas y joyas hasta alimentos básicos como el arroz y el trigo. Este comercio se llevó a cabo dentro de cada uno de los imperios, así como a través de las fronteras, por lo que grandes caravanas y flotas cruzaban en todas direcciones las regiones del Oriente Medio y sur de Asia.

Este fue también un período en que los doctores religiosos, o ulema (ilustrados), se implicaron en una gran variedad de actividades, muchas de ellas con la bendición de los gobernantes políticos. Los expertos en religión servían a la comunidad como maestros, dirigentes de la oración y guías espirituales. Algunos ulema actuaban como líderes políticos locales, trasladando al Estado los deseos y agravios de sus seguidores. Los gobiernos de Isfahán, Estambul y Delhi no dejaban de reconocer la importancia de ejercer un control sobre esas figuras religiosas. Debido a ello, emplearon un creciente número de estos hombres en la burocracia del gobierno.

Finalmente, el grupo de los ulema se dividió. Mientras los más cualificados —los que tenían altos cargos burocráticos— daban apoyo al Estado, otros ulema se mantenían distanciados del gobierno. En Irán, especialmente, los miembros de la comunidad religiosa de menos rango rehusaron servir al Estado. Algunos de estos hombres se volvieron críticos del sistema político, mientras que muchos otros se apartaron completamente de la política. Los pocos que se pronunciaron claramente recibieron el apoyo del público en general.

Como ha ocurrido en todos los imperios, los días de prestigio y poder vieron su final cuando las pequeñas luchas minaron poco a poco la fortaleza de estas dinastías. Lo que una vez fueron Estados dinámicos se convirtieron con el tiempo en conchas vacías que, finalmente, cedieron bajo las presiones de agitaciones internas y amenazas externas. Los Estados safawíes y mogoles desaparecieron en el transcurso del siglo XIX, mientras que los otomanos se mantuvieron hasta bien entrado el siglo XX antes de desvanecerse.

El período intermedio entre los siglos XV y XVIII fue muy dinámico para la civilización del islam. Los imperios mogol, otomano y safawī consiguieron un número notable de realizaciones. En los frecuentes períodos de estabilidad que proporcionaban estos Estados, muchas partes del mundo islámico alcanzaron nuevos niveles de prosperidad y confianza. Además, durante este tiempo, el islam se extendió a nuevas regiones y más gente se convirtió a la fe.

La expansión del islam tuvo lugar de muchas maneras. Las conquistas proporcionaron nuevos territorios bajo el dominio del islam. Por ejemplo, regiones como el Asia Central, India y África Central fueron conquistadas en diferentes épocas por las fuerzas musulmanas. A menudo, esos guerreros musulmanes eran fervientes devotos y se aplicaban duramente a estimular a la población local a convertirse. La educación y la plegaria promovidas por misioneros, maestros, sacerdotes y eruditos musulmanes propagaron el islam a las nuevas regiones conquistadas y en lugares remotos de los territorios donde previamente se había establecido el islamismo. A veces eran hombres carismáticos que se ganaban la confianza del pueblo mediante la fuerza de su carácter y su mensaje. Con la misma frecuencia, tales misioneros y maestros trabajaban en poblaciones que llevaban mucho tiempo bajo la ley islámica, pero que todavía no se habían convertido. En Anatolia, por ejemplo, bajo los otomanos, muchos cristianos se convirtieron al islam.

Igualmente importante fue el papel que desempeñaron los comerciantes o mercaderes activos en este período. En zonas costeras, desde el África Oriental hasta las islas de Indonesia, los mercaderes establecieron contactos con las poblaciones locales. Estos intercambios sociales condujeron al establecimiento de pequeñas comunidades, a las que los misioneros, entre otros, acudieron a convertirlas. De esta forma, el islam se expandió gradualmente, por ejemplo, en las regiones interiores de Indonesia y África.

Hacia el siglo XVIII, el islam se había impuesto en vastas zonas de África y Asia. En muchas de esas regiones, los musulmanes formaban la mayoría dominante. Naturalmente, las diferencias seguían siendo grandes en lengua, costumbres y valores locales, hábitos de alimentación, vestido, arte, música y sistemas económicos de una región a otra. Pese a estas diferencias, sin embargo, se desarrollaron duraderos lazos para unir regiones islámicas tan dispares. Como musulmanes que eran, todos los pueblos de esas regiones adoraban a un solo dios, Alá, y veneraban a su mensajero, Mahoma. Todos oraban de cara a la ciudad santa de La Meca y todos realizaban los demás rituales propios de los musulmanes. Y, desde luego, todos se guiaban por las normas del gran libro del islam: el Corán.

Capítulo 4

El Corán, el Hadiz y la Ley

Los musulmanes creen que el texto del Corán es la palabra literal de Dios revelada a Mahoma durante su vida y escrita por sus seguidores bajo su supervisión y recogida en un libro, poco después de su muerte. Por esta razón, el Corán constituye el fundamento y el espíritu que guía el islam.

La palabra de Dios

Los musulmanes se familiarizan con el Corán desde muy jóvenes y muchos continúan estudiándolo toda su vida. Los versículos del libro son recitados al oído de los bebés, y tan pronto como los niños musulmanes han crecido lo suficiente para hablar, empiezan a memorizar y a recitar los versículos coránicos. Los niños musulmanes aprenden a leer y escribir recitando el libro y copiando sus versículos a mano. Cuando los jóvenes musulmanes se acercan a la edad adulta, aprenden a utilizar el libro en las plegarias. El apego al Corán continúa hasta los últimos días de la vida de un musulmán, cuando las secciones del libro son a menudo leídas al moribundo. Finalmente, siguiendo la tradición islámica, algunos pasajes seleccionados del Corán son leídos sobre la tumba de todo musulmán fallecido.

La memorización y recitación del Corán son actividades altamente valoradas en el mundo islámico. La mayoría de niños musulmanes aprenden de memoria pasajes del Corán y los usan continuamente en la oración y en otras ocasiones. Algunos continúan para memorizar el libro entero, un acto que les hace ganar el respeto de sus comunidades. Los musulmanes también conceden gran valor a la recitación del Corán. En todo el mundo islámico, los musulmanes se reúnen para escuchar el libro recitado y muestran un gran aprecio por aquellos que tienen la voz particularmente educada para ello.

Estas recitaciones se realizan siempre en árabe, ya que se cree que Dios reveló el Corán a Mahoma en esa lengua: "Lo hemos revelado como Corán en árabe. Para que así lo entendáis" (XII: 2). Por esta razón, incluso los muchos musulmanes que no hablan ni leen el árabe sienten un gran respeto por este idioma.

Es difícil expresar la profundidad de aprecio y dependencia que los musulmanes sienten hacia el Corán. Para ellos, el libro es el único acontecimiento de la historia de la humanidad. A menudo se define como el único milagro verdadero aportado por Mahoma. Al representar el Corán la Palabra de Dios, se piensa que es un trabajo perfecto. Al igual que Dios, es eterno e inalterable.

El Corán se compone de 114 capítulos, llamados suras, cada uno de los cuales se divide en un número variable de versículos, llamados aleyas. El capítulo más largo contiene 286 versículos; el más corto, solo tres. Los capítulos más largos se conocen como «suras medinesas», pues se supone que fueron reveladas a Mahoma después de su llegada a Medina, a la vuelta de su viaje desde La Meca. Los cortos se cree que fueron revelados antes, en La Meca, y por ello se llaman «suras mecanas».

El mensaje del Corán

De acuerdo con la tradición islámica —y del mismo libro—, el Corán es la última de una serie de revelaciones que Dios ha enviado a este mundo. Entre sus mensajeros estaban Moisés y los demás profetas hebreos, quienes trajeron la Torá, y Jesucristo, cuyos seguidores documentaron su vida y sus enseñanzas en el Nuevo Testamento de la Biblia. Al igual que ellos, Mahoma fue el portador de un mensaje divino: el Corán.

Por esta razón, los musulmanes no rechazan los anteriores mensajes enviados a Moisés, Jesús y otros profetas que vivieron antes que Mahoma. Por el contrario, la religión islámica ve con gran estima a esos anteriores profetas y mensajes. Sin embargo, el Corán enseña que, a través del tiempo, tanto las escrituras judías como cristianas han sido corrompidas por los hombres y mujeres que han tratado de interpretarlas.

Por ejemplo, los judíos y los cristianos son criticados en el Corán por haber reivindicado su cualidad de pueblo divinamente escogido. El Corán establece que tan solo Dios decidirá quién, si acaso alguien, ha de ser escogido y por qué razones. Los cristianos son también criticados por haber considerado a Cristo como divino. Según los musulmanes, esto es como decir que Dios comparte su divina naturaleza, o que Dios está acompañado de otro ser divino. Esta idea contradice uno de los más fundamentales principios islámicos: la absoluta unicidad de Dios.

El Corán condena a cada individuo o grupo que trata de asociar cualquier objeto o ser con Dios. Los musulmanes usan el término sirk (asociar algo con Dios) para este acto, el cual creen que es el único pecado imperdonable que los humanos pueden cometer. Los musulmanes creen que los cristianos cometen un acto de sirk cuando afirman que Jesús es divino.

Por tanto, los musulmanes asignan como el objeto del Corán el de corregir los errores y las falsas ideas que los hombres y mujeres han añadido a las revelaciones anteriores. Como revelación final de Dios, es para ellos la más perfecta. Fue enviada para advertir a la humanidad que las revelaciones anteriores habían sido corrompidas y para reconducir a los pueblos a la verdadera religión.

Dios, la humanidad, el cielo y el infierno

Además de la unicidad, se describen en el Corán otras características de Dios. El primer capítulo del libro, llamado Surat al-Fatiāh, describe algunas de estas cualidades:

En el nombre de Dios, el Compasivo, el Misericordioso.
Alabado sea Dios, Señor de los Mundos,
el Compasivo, el Misericordioso.
Dueño del día del Juicio.
A Ti solo servimos y a Ti solo imploramos ayuda.
Dirígenos por la vía recta,
la vía de los que Tú has agraciado, no de los que han incurrido en Tu ira, ni de los extraviados. (1.1-7)

Según la tradición islámica, Dios es, ante todo, misericordioso, dispuesto a perdonar al pecador siempre que la persona se arrepienta y se disponga a adorar a Dios y a llevar una verdadera vida religiosa. Dios es también generoso. El Corán habla a menudo de la generosidad del mundo natural que Dios ha dado a la humanidad. Dice así: "Dios es quien ha creado los cielos y la tierra, y ha hecho bajar agua del cielo, mediante la cual ha sacado frutos para vuestro sustento" (14:32).

La prueba más grande de la gracia y la compasión de Dios es, sin embargo, la existencia de los profetas y la revelación, particularmente el profeta Mahoma y el Corán. Esto facilita a los hombres y mujeres la orientación que necesitan para recorrer su camino a través del mundo y alcanzar finalmente la salvación. La revelación, y las enseñanzas de Mahoma, cumplen varias tareas: advierten a la humanidad de las tentaciones del pecado, difunden el conocimiento de Dios y la forma correcta de practicar el culto, y describen la recompensa que le espera a la persona que sigue la revelación y el ejemplo de Mahoma.

Pero Dios es, asimismo, el Señor del Día del Juicio, porque su poder y su justicia son tan grandes como su gracia. Aquellos pecadores que se arrepientan hallarán el perdón de Dios, pero a aquellos que persistan en sus formas corruptas, Dios no los perdonará. Hay un versículo en el Corán que dice que los pecadores que intentan obtener el perdón con toda la riqueza del mundo, e incluso el doble de esta, fracasarán. Dios revisará sus vidas en el Día del Juicio y los encontrará no arrepentidos. Su recompensa será las llamas del infierno.

El Corán ofrece vívidas descripciones del cielo y del infierno. En el infierno, los pecadores sufren tormentos tanto físicos como mentales. Mientras la desesperación y el miedo llenan sus corazones y mentes, sus cuerpos son torturados con fuego y metales fundidos. Una experiencia muy distinta se promete a los que sean salvados. El cielo se describe en el Corán como un lugar con ricos jardines y corrientes de agua, donde los salvados se deleitarán con los mejores manjares y bebidas, en compañía de hermosos hombres y mujeres jóvenes.

Tanto en el cielo como en el infierno, los humanos serán acompañados de espíritus creados por Dios. Las criaturas espirituales del cielo son los ángeles. Nacidos de la luz, su misión es la de servir como mensajeros entre Dios y la humanidad, llevando la divina revelación a los escogidos por Dios. Hemos visto que fue el arcángel Gabriel quien llevó la revelación de Dios a Mahoma en la cueva de Hirā. Debajo de los ángeles hay los ŷinn, los cuales están hechos de fuego y pueden ser buenos o malos. Al igual que los seres humanos, esos espíritus de fuego serán juzgados por Dios al final de los tiempos y enviados al cielo o al infierno. En el período anterior al islam, se creía que los ŷinn habitaban en las rocas y los árboles. Con el establecimiento del islam, esta creencia fue incorporada a la nueva religión y se dijo que estos espíritus vivían en el cielo.

En el infierno, los pecadores se juntan con Satán y sus seguidores. La historia de Satán, conocido como Iblis en la tradición islámica, es una de las partes más vívidas del Corán. Empieza con una explicación de la relación especial que existe entre Dios y la humanidad. Dios creó a las personas para que fueran sus representantes en la tierra. En el momento de la creación, Dios convoca a los ángeles para informarles de la cualidad especial de la humanidad. Les ordena prosternarse ante el primero de los humanos, Adán. Tal como lo describe el siguiente pasaje del Corán, Iblis rehúsa hacerlo, y Dios lo echa del cielo por desobedecer la divina orden:

> *Luego, todos los ángeles se prosternaron, excepto Iblis, que rehusó unirse a los que se prosternaban. Dios dijo: "Oh, Iblis, ¿por qué no estás tú entre los demás que se han prosternado?" El respondió: "No voy a arrodillarme ante un mortal que has creado de barro arcilloso, maleable". Dios dijo: "¡Sal de aquí! ¡Eres un malvado! Y la maldición te perseguirá hasta el Día del Juicio". Él dijo: "Señor, déjame esperar hasta el día de la Resurrección". Dios dijo: "Puedes unirte a aquellos que esperan hasta el día señalado". Él dijo: "Ya que has hecho de mí un demonio, haré el mundo atractivo a los que viven en la tierra, y los descarriaré a todos, excepto a los que sean tus sinceros seguidores". Dios dijo: "Esta es para mí una vía recta. No tienes poder alguno sobre Mis siervos, excepto aquellos que se extravíen para seguirte a ti, y con toda seguridad, el infierno será el lugar para ellos". (15.30-43)*

El Corán dice claramente que Dios espera de los humanos el seguimiento de los actos rituales del islam y la lectura del Corán. Pero también da instrucciones para vivir como un musulmán. De acuerdo con el Corán, los seres humanos son cada uno responsables de sus propias acciones y pensamientos. En consecuencia, la decisión de seguir el camino verdadero de Dios, de vivir sinceramente una vida religiosa, corresponde a cada individuo. Los que escojan hacerlo obtendrán la gracia de Dios, y los que no lo hagan, solo obtendrán su ira.

La comunidad musulmana y el Corán

El musulmán devoto no solo es un individuo, sino también un miembro de la comunidad islámica. Esta comunidad tiene la responsabilidad de seguir la voluntad de Dios, lo cual significa acatar las enseñanzas del Corán. Como dice el libro, Dios convirtió a los musulmanes en una comunidad particular, o umma, lo mismo que había hecho antes con los judíos y los cristianos. Él espera que esta comunidad actúe como ejemplo para todas las demás.

Como guía para la comunidad, el Corán señala unas normas que todo musulmán debe seguir. Estas incluyen no solo los deberes rituales de la oración, sino también unas reglas sobre la herencia, el matrimonio y otros aspectos de la vida. En el curso de la historia del islam, estas reglas se han convertido en la base de la ley islámica. El Corán dice que el objetivo de la comunidad musulmana es crear una sociedad justa. Por eso no solo instruye a los seres humanos acerca de Dios, Mahoma y la revelación, sino que sirve también como guía específica a la comunidad de musulmanes para seguir a Dios día a día.

El Corán no es un libro fácil de comprender. De hecho, hay muchos pasajes que requieren mucho estudio antes de que su significado aparezca claro. Puesto que los musulmanes, a través de los tiempos, han seguido las indicaciones del Corán, siempre ha sido importante para ellos el saber con exactitud lo que enseña el libro. En consecuencia, los que estudian el Corán son observados por otros musulmanes para orientarse, y con frecuencia, estas personas se convierten en maestros dentro de sus comunidades locales.

El estudio y la explicación del Corán devino, muy pronto,

una importante rama de la educación islámica y de la vida intelectual. Tafsir es el término utilizado por los musulmanes para la interpretación coránica o su explicación. En los siglos IX y X, los expertos musulmanes dedicaron años a estudiar los versículos del Corán. Los mejores de estos eruditos produjeron trabajos de varios volúmenes —todavía utilizados hoy en universidades de todo el mundo islámico— en los cuales se explican con detalle las interpretaciones. Quizá el más famoso de estos trabajos fue escrito en los comienzos del siglo X por un erudito de Bagdad llamado Abū Jafar Muhammad ibn Jarir al-Tabari (m. 923).

Aunque el Corán contiene las enseñanzas del islam, hay otra fuente de información que también es observada: la vida y enseñanzas de Mahoma. Ningún personaje es tan respetado por los musulmanes como Muhammad ibn 'Abd Allāh. En incontables biografías y poemas, los musulmanes han hablado de su estrecha unión con el Profeta. Es venerado por los musulmanes por su especial relación con Dios. Al igual que los profetas que le precedieron, él fue escogido para llevar el divino mensaje a la humanidad. Sin embargo, se cree que Mahoma estuvo más cerca de Dios que cualquier otro de los profetas. Él fue el único escogido para llevar el Corán a la humanidad. Por esta razón, su relación con Dios es también única.

MAHOMA Y EL HADIZ

Los musulmanes veneran también a Mahoma por la vida extraordinaria que había llevado. Las descripciones musulmanas de Mahoma lo definen como un hombre de compasión, gran inteligencia y honestidad. Notablemente dotado como líder político, Mahoma convirtió a un pequeño grupo de seguidores en una poderosa comunidad que llegó a formar un imperio en expansión. Como militar experto, condujo a sus seguidores a la victoria contra poderosos enemigos, consiguiendo finalmente el control de toda la península arábiga.

Por encima de todo, Mahoma fue un maestro de gran sabiduría. Hay muchos relatos en las biografías de Mahoma que hablan de la gente que se convirtió al islam tras escuchar sus sermones. Se trataba de personas que no comprendían las palabras del Corán o que dudaban de la verdad del libro. Con mucha paciencia y cuidado, Mahoma supo atraerlos a la comunidad de creyentes.

Por todas estas razones, Mahoma era visto por sus seguidores como modelo de ser humano. Para ellos y para las generaciones de musulmanes posteriores, fue el ejemplo a seguir por todos los musulmanes; no solo un ser humano ejemplar, sino incapaz de cometer el mínimo error de cualquier índole.

Incluso durante la vida de Mahoma, los musulmanes empezaron a coleccionar historias de sus actividades y enseñanzas. Sus seguidores más próximos aquellos que habían observado a Mahoma diariamente durante años— pasaron las narraciones de anécdotas a otros después de su muerte. Estos relatos, conocidos como hadices, se hicieron populares y pronto circularon por toda la comunidad islámica.

Cuando los hadices empezaron a darse a conocer, los musulmanes los escucharon con gran interés. Estos relatos pasaron a través de los siglos de persona a persona, de comunidad a comunidad, tanto escritos como en forma oral. De los hadices, los musulmanes aprendieron los éxitos de Mahoma como militar y líder político, así como varios detalles de su vida privada. Por ejemplo, hay relatos acerca de los métodos que Mahoma empleaba en batalla y en diplomacia, así como descripciones de sus actividades religiosas y su vida familiar. Ningún musulmán podía aspirar a parecerse a Mahoma de manera absoluta, pero muchos musulmanes creen que, si uno se esfuerza en seguir su ejemplo, llevará una vida piadosa y llena de sentido.

Al cabo de los 200 años posteriores a la muerte de Mahoma, el número de hadices que circulaban por la comunidad islámica era, probablemente, de cientos de miles. Durante aquel tiempo, el imperio islámico se había expandido mucho más allá de los límites de la península arábiga. En las zonas conquistadas por los ejércitos musulmanes, un gran número de personas se había convertido al islam. Al igual que los que les habían precedido, esos nuevos musulmanes estaban ansiosos por saber cosas de Mahoma y sus enseñanzas. Esto aumentó todavía más la demanda de hadices.

En aquel tiempo se hizo obvio para muchos musulmanes que la mayor parte de estos relatos sobre Mahoma eran producto de una fabricación; que habían sido creados tras la muerte de Mahoma por miembros de la comunidad, quienes aseguraban haber oído estas historias de alguien que los había recogido en tiempos del Profeta. Muy a menudo, los que los escribieron eran musulmanes de buena voluntad que creían que el acto de inventarlos era un signo de reverencia hacia Mahoma. Otros habían creado nuevos hadices en un intento de expresar sus propias respuestas a los problemas con los que se enfrentaba la joven comunidad musulmana. Aunque nadie fue castigado por esta actividad, quedó claro que las historias inventadas debían ser expurgadas. Después de todo, si la comunidad iba a usar los hadices como fuente de orientación, había que tener la seguridad de que solo los verdaderos serían utilizados.

A fin de seleccionar los verdaderos hadices, los eruditos musulmanes se dedicaron a examinar grandes cantidades de esos relatos. Al haber crecido tanto el imperio, a veces los expertos tenían que desplazarse a grandes distancias para recoger nuevas historias.

Gradualmente lograron distinguir las historias reales de las inventadas. De este agotador esfuerzo salió un número de hadices que se consideró fiable.

Al correr del tiempo, seis de esas colecciones se consideraron preferentes por la comunidad de expertos del islam y se convirtieron en los hadices estándar que todavía son leídos hoy por los estudiantes y maestros en las universidades de todo el mundo islámico.

La primera comunidad musulmana leyó y memorizó el Corán y los hadices, lo mismo que muchos musulmanes de hoy. Los expertos de la primera comunidad también tomaron el Corán y los hadices como documentos de trabajo para desarrollar la ley islámica, la Sarī'a. Aunque el término es a veces traducido como ley sagrada, una mejor manera de interpretarla es probablemente «el camino ordenado por Dios».

La Ley de Dios

Para los musulmanes, la Sarī'a es el divino plan de la comunidad islámica. Estipula las normas y deberes que todos los musulmanes deben cumplir en el curso de su vida, incluidos los actos rituales que han de realizar cuando adoren a

Vista aérea de la mezquita sagrada de La Meca. Como lugar de nacimiento del profeta Mahoma, La Meca es una de las tres ciudades sagradas de los musulmanes. Las otras dos son Medina y Jerusalén.

Una familia musulmana. Vestidos con una sencilla prenda blanca que simboliza la pureza y la unidad de su fe, toman parte en la peregrinación a La Meca, la cual reúne a musulmanes de todo el mundo.

En el centro de la Gran Mezquita de La Meca se encuentra la Kaaba, antiguo santuario de ídolos que, tras ser purificado por Mahoma, se convirtió en el lugar más sagrado del islam.

Árabes nómadas en el desierto. En tiempos de Mahoma, el nomadismo predominaba en la península arábiga. En el siglo XX, muchos abandonaron esta vida o fueron obligados a adoptar modos de vida sedentarios.

La mezquita del Profeta, en Medina, marca el lugar donde Mahoma se estableció tras huir de La Meca en la hégira del año 622 y fundó la primera comunidad musulmana, origen del islam organizado.

Mihrab de la mezquita de Córdoba. Esta hornacina indica la dirección de La Meca, hacia donde los musulmanes oran. Durante el Haŷŷ, muchos peregrinos visitan Medina, donde se encuentra la tumba Mahoma.

La Cúpula de la Roca, en Jerusalén, marca el lugar desde donde Mahoma habría ascendido al Cielo. Construida en el siglo VII por un califa omeya, fue decorada nuevamente en el siglo XVI por los otomanos.

Página de un libro persa del siglo XVI. Bajo la dinastía safawí, en Irán, florecieron el arte, la arquitectura y el mecenazgo, reflejo del refinamiento cultural que caracterizó al mundo islámico de esa época.

Interior de una mezquita, en la que puede verse el minbār, o púlpito.

Clase sobre el Corán en un centro islámico. Pequeñas comunidades musulmanas en crecimiento, han establecido mezquitas y escuelas que preservan su fe y educación religiosa en ciudades occidentales.

Página de un Corán del siglo XIII. Considerado la última revelación divina, el Corán contiene 114 suras o capítulos formados por versículos llamados aleyas, guía espiritual central para todos los musulmanes.

Interior de una mezquita, lugar de oración y contemplación en el mundo árabe. Durante el Ramadán, muchos fieles pasan allí largas horas leyendo, orando y conversando en un ambiente de recogimiento espiritual.

Santuario del imán Husayn en Karbalā', Irak. Nieto del profeta Mahoma, fue asesinado en 680. Su tumba, venerada por los chiitas, es hoy una majestuosa estructura con cúpula dorada y mosaicos ornamentales.

Mujer de una tribu nómada del sur de Túnez con joyería tradicional. En muchas regiones islámicas y no islámicas, la libertad femenina sigue siendo limitada, especialmente entre las clases más pobres.

Capilla de Kadimayn, en Bagdad, Irak. Alberga las tumbas de los séptimo y noveno imanes chiitas. Construida en el siglo X, es un destino importante de peregrinación chiita.

Miniatura persa del siglo XVI que muestra una corte principesca con músicos y espectadores. Destaca la precisión artística y el detallado trabajo decorativo característico del arte persa renacentista islámico.

Dios, así como las normas de comportamiento con la familia y la sociedad.

La Sarī'a se desarrolló a partir de las necesidades profundamente sentidas de los primeros musulmanes. Las conquistas habían transformado la pequeña comunidad de Medina en un poderoso imperio. Para muchos musulmanes, sin embargo, la riqueza del imperio tenía solo una importancia secundaria. La máxima prioridad se centraba en asegurar la moral de la comunidad islámica. Si había que seguir la Palabra de Dios y las enseñanzas de Mahoma, dijeron aquellos musulmanes, se necesitaba un cuerpo de ley islámica.

Desde el siglo VIII hasta comienzos del IX, los expertos del islam trabajaron en el difícil proceso de crear este cuerpo legislativo. Uno de los problemas con que se encontraron fue la dificultad de que muchos pasajes del Corán eran interpretados de diferentes maneras según los distintos expertos, lo cual provocaba discusiones y disputas. El Corán, además, no contenía respuestas —ni tan siquiera parciales— a todas las preguntas que se les planteaban. En aquellos casos en que ni los hadices resolvían sus dudas, se vieron obligados a encontrar la solución utilizando sus propias opiniones, guiándose lo más estrictamente posible por los principios del Corán y esos mismos hadices.

En los comienzos del siglo X, los expertos legales habían logrado su objetivo: los elementos básicos de la Sarta habían sido asentados. Este código de regulaciones puesto en manuales legales y escrito por varios expertos y sus estudiantes, demostró que los desacuerdos entre los diferentes grupos de profesores de leyes no habían desaparecido. En algunas disposiciones de la ley, tales como la manera en que podía realizarse el divorcio entre un marido y una esposa y cómo la propiedad de una persona fallecida debía dividirse entre sus herederos, se había llegado a conclusiones conflictivas sobre lo que el Corán y los hadices permitían. Estas diferencias dieron lugar a que surgieran diferentes escuelas de ley islámica.

Las escuelas de la Ley

Las escuelas se desarrollaron todas de la misma forma: un profesor capacitado expondría sus ideas en sus clases y escritos; sus estudiantes las pulirían y las pasarían a sus propios estudiantes, los cuales, a su vez, harían lo mismo. En el primer período, se crearon muchas de estas escuelas, pero la mayoría de ellas se disolvieron rápidamente. Las pocas que sobrevivieron fueron denominadas con los nombres de los hombres que habían sido sus autores.

Las dos escuelas sunnitas legales más antiguas se llaman Hanafi y Māliki. El nombre de la primera proviene de Abū Hanīfa (m. 767), un profesor de leyes que vivió y trabajó en la ciudad iraquí de Kūfa. Adquirió mucha reputación entre sus colegas por su visión liberal de la ley y por su gran inteligencia. Algunos de los más grandes profesores de leyes de la generación siguiente fueron sus discípulos. La escuela Hanafi es la que predomina en la India, Asia Central, Turquía y algunas partes de Egipto.

La escuela Māliki lleva el nombre de Mālik ibn Anas (m. 796), un profesor de la ciudad de Medina, la primera capital del imperio islámico y el centro de tan vigorosa actividad de expertos en leyes y religión. Mālik era uno de los más respetados de esos hombres. Se le conoce actualmente por su dedicación a la colección de hadices y por haber escrito el Kitāb al-Muwatta, uno de los primeros libros más influyentes en la ley. La escuela Māliki es la que predomina hoy en el centro y norte de África.

Quizá el profesor de leyes más grande de la historia islámica fue Muhammad ibn Idris al-Šāffi'ī, quien dio su nombre a la escuela de leyes Šāffi'ī, actualmente seguida en Malasia, sur de Arabia y África Oriental. Nació aquél en Palestina y residió en varios lugares del Oriente Medio, incluida la ciudad de Medina, donde estudió bajo el gran Mālik ibn Anas. Luego enseñó en Bagdad y más tarde en Egipto, donde murió en 819. Al-Šāffi'ī expuso sus ideas sobre la ley en el Risalāh, uno de los más renombrados libros del primer período del islam.

En su libro, al-Šāffi'ī postula persuasivamente que, después del Corán, la fuente de información más importante para que los legisladores tomen sus decisiones son los hadices. Y fue en gran parte por esta declaración por lo que los hadices fueran tan altamente considerados por todos los musulmanes. Con el trabajo de al-Šāffi'ī, la imagen de Mahoma alcanzó nuevas alturas. Al igual que Abū Hanīfa, al-Šāffi'ī atrajo a muchos estudiantes, algunos de los cuales siguieron contribuyendo al desarrollo de la ley islámica.

La última en crearse de las escuelas sunnitas de leyes fue la Hanbali, que tomó su nombre de Ahmad ibn Hanbal (m. 855), contemporáneo más joven de al-Sáffi'í en Bagdad. Muy pronto ibn Hanbal adquirió reputación por ser muy franco y muy conservador. Frecuentemente, había sostenido discusiones con otros profesores sobre variedad de problemas religiosos y legales. Incluso se vio envuelto en una acalorada disputa con el tribunal hasta el punto de ser arrestado y condenado por sus opiniones. Esto ayudó a que aumentara su popularidad entre los estudiantes y maestros más jóvenes que compartían sus puntos de vista. Hoy, la única zona en que la escuela de Hanbali es predominante se encuentra en el moderno Estado de la Arabia Saudí.

Además de las escuelas de pensamiento legal en la comunidad de musulmanes sunníes, hay la escuela de leyes chiíta, conocida como la escuela Ŷ'firi. Su nombre le viene del gran maestro chiíta que vivió y enseñó en Medina y más tarde en Bagdad: Ŷa'far al-Sadiq. En su temprana carrera, al-Sadiq vivió una vida tranquila, escribiendo y dando clases a estudiantes. En el año 750, los abasíes tomaron el poder, y con ello se truncó la vida plácida de al-Sadiq.

Al-Sadiq era entonces uno de los miembros dirigentes de la comunidad chiíta. Este rango no era del todo de su agrado. Los nuevos califas abasíes, desde el comienzo de su reinado, veían a los chiítas como rivales políticos y por ello vigilaban de cerca a al-Sadiq y otros líderes. Aunque aquél había tenido siempre la precaución de permanecer al margen de la política, en parte por temor a terminar como Husayn, segundo califa abasí, al-Mansur ordenó su arresto en varias ocasiones. Al-Sadiq murió en el año 765, y muchos creyeron que había sido envenenado por orden del califa.

Para los chiítas, este fue solo un ejemplo más de la opresión que tuvieron que soportar de la comunidad sunní. La muerte de al-Sadiq abriría una nueva brecha entre ambas comunidades.

Capítulo 5

Variedades en la vida religiosa

Todas y cada una de las comunidades religiosas del mundo se han visto fraccionadas por conflictos internos. Por diferentes razones, los cristianos se han vuelto en contra de otros cristianos, los judíos contra otros judíos, y los musulmanes contra otros musulmanes. A veces se han encontrado soluciones para terminar con esos conflictos; pero, demasiado a menudo, la división en diferentes sectas ha sido permanente. Aun perteneciendo a la misma gran comunidad, los miembros de cada secta se han aferrado a ciertas creencias no compartidas por las otras.

Las sectas del islam

La división de la comunidad islámica entre las sectas Sunní y Chiá empezó con las muertes de 'Alī, en 661, y su hijo Husayn, en 680. Privados de sus líderes, los chiítas quedaron frustrados mientras los omeyas ocupaban el califato. A pesar de aquellas pérdidas, muchos de los chiítas se mantuvieron leales a la familia de los 'Alīdas.

El título otorgado por los chiítas a 'Alī, sus dos hijos y un selecto grupo de hombres que los sucedieron fue el de imán. Después del brutal asesinato de Husayn, los chiítas convinieron en que el cargo de imán fuera otorgado a un miembro de la familia de los 'Alíīdas. Pero, ¿a cuál?

Un grupo de chiítas consideraba que el nuevo imán debía ser el hijo de Husayn, 'Alī, el único varón de la descendencia de aquél que había sobrevivido a la mortandad de Karbala'. 'Alī, conocido también como Zayn al-Abidīn, era entonces un letrado respetable, apreciado por su profunda piedad. Pero había chiítas que pensaban en otro candidato. Este desacuerdo llevó a una división dentro de la comunidad chií. Mientras unos permanecían fieles a 'Alī, el hijo de Husayn, otros manifestaron su lealtad a un tercer hijo de 'Alī ibn Abū Tālib, llamado Muhammad ibn al-Hanafiyya.

Ibn al-Hanafiyya se vio entonces en el ojo de un huracán político. En la ciudad de Kūfa, centro de actividad chiíta, se estaba urdiendo una revuelta contra los omeyas. El líder de los confabulados era Mujtar al-Thakafi, un seguidor de la familia de los 'Alīdas. Este había conminado a los chiítas a que se le unieran con el fin de derrocar a los omeyas en nombre de Ibn al-Hanafiyya. La revuelta pronto tuvo consecuencias fatales para los chiítas cuando Mujtar y muchos de los rebeldes cayeron en batalla en 687. Ibn al-Hanafiyya, quien no se había unido nunca a los confabulados, vivió hasta el año 700. Mientras tanto, 'Alī Zayn al-Abidīn se había mantenido apartado de la política, habiendo preferido enseñar y escribir en lugar de colaborar en la rebelión armada, hasta su muerte, ocurrida en 712.

Nuevamente, los chiítas —incluidos los seguidores de Ibn al-Hanafiyya y 'Alī Zayn al Abidīn— se enfrentaron con el problema de encontrar quien los dirigiera. Al igual que antes, no llegaron a un acuerdo sobre cuál de los 'Alīdas sería el escogido como su nuevo líder. Aparecieron luego un número de pequeñas sectas chiítas, cada cual con su propio candidato para el cargo de imán. Este tipo de desacuerdos sobre el sucesor de un imán se repetiría una y otra vez durante 200 años. Muchos de estos grupos eran muy reducidos y desaparecían rápidamente. Solo unos cuantos de ellos sobrevivieron a aquel período.

Las sectas chiítas

De estas diversas ramas chiíes, la primera en aparecer fue la secta Zaydī. Zayd ibn 'Alī, cuyo nombre denomina la secta, fue el hijo de Alī Zayn al-Abidīn. A diferencia de su padre, Zayd estaba dispuesto a luchar por los derechos de la familia 'Alīda. En 740 organizó una rebelión en Kūfa contra los omeyas. Al igual que con Husayn años antes, los kufanos prometieron su apoyo a Zayd. De nuevo, en el momento crucial, los kufanos se volvieron atrás. Los soldados omeyas vencieron a los seguidores de Zayd, y mataron a este a continuación.

Pese a la muerte de Zayd, sus seguidores permanecieron activos. Conducidos por otros miembros de la familia 'Alīda, un grupo de zaydíes se estableció en el norte de Irán, donde fundaron un pequeño Estado que sobrevivió hasta el siglo XI. Otros zaydíes se dirigieron a Yemen, al sudoeste de Arabia. El Estado que fundaron allí tuvo una larga y, con frecuencia, violenta historia, a través de la cual los zaydíes mantuvieron su presencia. En la primera mitad del siglo XX, los líderes de esta comunidad zaydí pudieron crear un Estado independiente que duró hasta la década de los 60, antes de sucumbir a la revolución.

La historia de otra secta chiíta no fue menos accidentada.

El Chiá Ismailí surgió después de la muerte de aquel a quien consideraban su imán. Ismā'īl ibn Ŷa'far era hijo del letrado chií Ŷa'far al-Sadiq, nieto del no menos famoso Husayn. Aunque murió a una edad relativamente joven, Ismā'īl era considerado por un número de chiítas como su imán, por lo cual trasfirieron su lealtad a su hijo Muhammad ibn Ismā'īl y luego a sus descendientes.

Los ismailíes, al igual que los zaydíes, mostraron gran cantidad de recursos al difundir sus doctrinas. Organizados en pequeñas células, los activistas ismailíes formaron en diversas regiones pequeñas comunidades. El movimiento se dispersó en el siglo IX cuando uno de sus principales miembros, 'Ubayd Allāh, se proclamó a sí mismo nuevo imán. Rechazado por los otros ismailíes, él y sus seguidores emigraron a la zona norteafricana conocida hoy como Tunicia. En un área montañosa, 'Ubayd Allāh y sus hombres organizaron un pequeño ejército. Luego derrocaron al gobernador abasí que controlaba la zona. El resultado fue el nacimiento de la dinastía Fatimita.

Unos 200 años más tarde, en el siglo XI, hubo otra ruptura en la secta ismailí. Surgió un nuevo movimiento, que se conocería como de los drusos. Hoy, los drusos agrupan a unos 300.000 miembros, los cuales se distribuyen entre Siria, Israel y Líbano. Muchos musulmanes creen que los drusos mantienen ideas que violan los principios básicos del islam y por esta razón no deben considerarse como parte de la comunidad islámica.

Otra pequeña secta chiíta que surgió durante el período medieval es la NuSayrí, conocida también como 'Alawī. Esta secta, que todavía existe, ha vivido durante siglos en pequeños pueblos del sur de Siria. El actual jefe del Estado de Siria, Hafiz; al-Asad, es un alawī, como lo son los miembros de su gobierno y los altos mandos del ejército. Dentro de Siria existe hoy mucha oposición al régimen de Asad; una de las razones es el resentimiento con que lo acoge la mayoría sunnita al ser gobernada por una minoría que no comparte sus creencias.

La más importante de las sectas chiítas es la que se conoce en árabe como la Itna-'Ašariyya; en español, el Duodécimo Chiá. Hoy, los duodecimanos forman una mayoría en Irán y están presentes en gran número en Líbano, Kuwait e Irak. Sin duda alguna, el más importante miembro de esta secta fue el hombre que lideró la Revolución Islámica de Irán, el ayatollah Jomeini. Antes de su muerte, ocurrida en junio de 1989, se había convertido en una de las figuras más controvertidas de la historia mundial reciente.

Imām

En la comunidad musulmana suní, el término imán se usa de diferentes maneras, ya sea para dirigirse a respetados religiosos ya a letrados. En el comienzo de su historia, los sunitas también lo utilizaban para dirigirse a los califas abasíes. Hoy se designa con ese término el individuo que conduce la oración en la mezquita, si bien los chiítas lo emplean para referirse a 'Alī, a sus hijos y a los hombres que les sucedieron en el liderazgo de la comunidad chií.

Los Doce Imanes

Tal como su nombre indica, los duodecimanos creen que

el cargo de imán pasó de ʻAlī ibn Abū Tālib a través de una cadena de once hombres más, todos descendientes de la familia de ʻAlī. Con ʻAli, estos hombres son 12 en total. Entre ellos se encontraba ʻAlī ibn Abū Tālib y sus dos hijos, Hasan y Husayn, que fueron respectivamente el segundo y tercer imanes después de su padre. El cuarto imán fue ʻAlī Zayn al-Abidīn, y el sexto el renombrado Ŷa'far al-Sadiq. Famoso por su profunda piedad y brillante carrera, fue este responsable del desarrollo de muchas de las doctrinas de la secta de los duodecimanos. Estas doctrinas centraron la figura del imán. De acuerdo con los duodecimanos, los imanes poseían ciertas características que les distinguían.

En primer lugar, los imanes estaban inspirados por la divinidad. Al igual que Mahoma, se cree que mantuvieron una estrecha relación con Dios. Los libros escritos por los eruditos duodecimanos se refieren a los imanes como la Prueba de Dios o el Signo de Dios. Estos títulos se usan para demostrar que los imanes son los representantes de Dios en la tierra y que la devoción que se les presta es requerida por todos.

A diferencia de Mahoma, los imanes no han aportado ningún mensaje divino a la humanidad. Pero ya que estaban considerados como los proveedores de la guía espiritual, eran tenidos por herederos directos del legado de Mahoma. Algunos de los autores duodecimanos han descrito a los imanes como surgidos de la misma sustancia de la que estaba compuesto Mahoma. La sustancia es definida como una luz brillante creada por Dios antes de la creación del mundo. A partir de esta divina luz, se cree que Dios creó a Mahoma y a los imanes, así como a Fátima.

La secta de los duodecimanos creía también que cada uno

de los imanes era nombrado por el imán que le había precedido. Tal como 'Alī nombró a Hasan, Hasan nombró a Husayn y así sucesivamente. Esta idea partió de la creencia de que Mahoma había escogido a 'Alī como su sucesor en un sermón que dio al final de su vida. Se dice que, en ese sermón, Mahoma dijo a los musulmanes reunidos ante él que, después de su muerte, debían seguir a 'Alī. Aunque los musulmanes sunníes niegan que este sermón tuviera lugar, los chiítas creen que sí, y para ellos es un acontecimiento de gran significado.

Los imanes, según los duodecimanos, poseían también otras dos características. Primero, eran incapaces de equivocarse o de pecar. Segundo, los imanes estaban dotados de un conocimiento especial que habían recibido de Dios a través de Mahoma, el cual les permitía actuar como líderes espirituales y políticos de la comunidad.

Estas eran las características poseídas por los doce imanes. En resumen, a los ojos del Chiá, eran seres humanos únicos e insustituibles. De los doce imanes hubo uno que estuvo al margen de los demás: el Duodécimo Imán.

Fátima

Como hija del Profeta, la esposa de 'Alī ibn Abī Tālib y madre de Hasan y Husayn, Fátima o Fātima es altamente venerada no sólo por la secta de los duodecimanos sino también por otras chiítas. Los chiítas fatimitas tomaron de hecho el nombre de ella.

El Duodécimo Imán

En el año 874, Hasan al-Askari, imán número once, murió de repente en la ciudad de Sāmarrā, entonces capital del califato abasí. Tal como se había procedido tras la muerte de los imanes anteriores, la comunidad del Chiá deliberó sobre quién iba a ser el sucesor de al-Askari. Algunos decían que correspondía a su hermano Ŷa'far; otros no estaban de acuerdo. El grupo de los duodecimanos tenía su propia opinión.

Los duodecimanos insistieron en que al-Askari tenía un hijo, todavía un niño, a quien había escogido para sucederle. Esto fue lo primero que muchos de la comunidad chiíta habían oído acerca del muchacho, por lo cual reaccionaron con escepticismo. ¿Cómo podían saber que existiera? La respuesta fue que, para revelar su identidad, había que arriesgarse a que tanto el muchacho como toda la comunidad chiíta fuera atacada por las autoridades abasíes.

Aunque el Chiá era menos activo políticamente de lo que lo había sido en períodos anteriores, los chiítas eran vistos todavía con suspicacia por los abasíes. Por esta razón, se consideró imprudente revelar la identidad del nuevo imán.

Aunque hubo muchos que expresaron sus dudas respecto a este misterioso niño, la mayoría de los chiítas, poco a poco, fueron aceptando la idea de que se había convertido en el nuevo imán y dieron por supuesto que se estaba escondiendo hasta un tiempo futuro.

Por tanto, se le dio el nombre de "imán oculto". Los letrados de la comunidad duodecimana pensaron que había ido a esconderse en una pequeña cueva de Sāmarrā. Hoy, los chiítas fatimitas todavía se reúnen en la pequeña mezquita situada encima de esta cueva para rogar por su retorno.

Tras la desaparición del Duodécimo Imán, muchos duodecimanos empezaron a dudar de cuándo saldría de su escondite. Cuando se les preguntaba, los doctores decían que el Duodécimo Imán saldría de su escondite cuando fuera llamado por Dios; en otras palabras, al final del tiempo. En el Último Día, explicaban los eruditos, el imán oculto reaparecerá en una explosión de luz celestial. Estará al frente de un ejército de ángeles y de todos los chiítas que durante siglos se han mantenido fieles a los imanes. Llevará las sandalias y el anillo de Mahoma, cuya espada empuñará con su mano. Su destino será La Meca, luego Medina, luego el resto del mundo. En cada uno de estos lugares prometerá la vida eterna a todos aquellos que se mantuvieron leales a los imanes. Y, con gran violencia, se volverá en contra de los que han oprimido a los imanes y a la comunidad chiíta.

El nombre utilizado para el imán oculto es al-Mahdī, o «el que es guiado por Dios». En su papel de Mahdī, se espera que el Duodécimo Imán aportará al mundo un nuevo orden social, una era eterna de justicia en la cual terminarán todos los sufrimientos de los chiítas. Como hemos visto, los chiítas no han sido más que una minoría en la comunidad islámica y, demasiado a menudo, una minoría perseguida. Han visto a sus líderes muertos y encarcelados; además, en su historia más temprana, habían intentado llevar a cabo varias revueltas contra el dominio de los califas omeyas y abasíes, solo por ver esas revueltas fracasadas. Se cree que, con sus ejércitos de ángeles y seguidores levantándose con él, en el día escogido, el imán oculto terminará finalmente con el sufrimiento de los chiítas. Luego gobernará con justicia y sabiduría sobre la comunidad hasta el día del juicio, cuando Dios decida el destino de todos y cada uno de los seres.

Desacuerdo entre chiítas y sunnitas

Sostenidas con convencimiento por los chiítas duodecimanos, estas ideas sobre los imanes no fueron nunca aceptadas por la comunidad sunní. De hecho, fueron la principal causa de división entre ambas comunidades.

Para los chiítas, el liderazgo político y religioso solo podía tener un origen: los imanes. Los doce imanes volverían finalmente a enderezar todo aquello que se ha hecho mal en el mundo. Por estas razones, los imanes —y solo ellos— podían servir como verdaderos líderes de la comunidad.

Los sunnitas tenían otra idea del liderazgo. Respetaban a los imanes como hombres de gran sapiencia, pero no podían aceptar que fueran inspirados por Dios. Tampoco podían admitir que los imanes fueran los herederos directos de Mahoma. Para la comunidad sunní, los líderes eran los califas.

No existía la creencia de que los califas tuvieran inspiración divina o que estuvieran en posesión de conocimientos especiales de ninguna clase. Eran simplemente seres humanos escogidos para dirigir la comunidad en este mundo: para defenderla de enemigos internos y externos, y para mantener la vigencia de la Sarta. Nunca fueron considerados una fuente divina de orientación religiosa, como lo fueron los imanes por los chiítas.

Otro gran desacuerdo entre el sunníes y chiítas era el tema de la salvación. La comunidad islámica, según se creía, solo alcanzaría la gracia de Dios en el día del juicio si toda la comunidad vivía conjuntamente de acuerdo con la ley de Dios. Para los sunníes, la Sarta, como encarnación de la ley de Dios, debía ser respetada y seguida por todos. Los califas ocupaban su lugar solo para defender la Sarta y proteger a la comunidad, no para llevar la comunidad a la salvación. Solo la comunidad islámica entera, trabajando conjuntamente, podía alcanzar este objetivo.

Para los chiítas, la búsqueda de la salvación no radicaba en la comunidad sino en los imanes. Sin ellos, nunca se podía esperar la gracia de Dios; solo los imanes podían conducir a la comunidad islámica por el camino correcto.

Durante los años en que cada uno de los imanes vivía y enseñaba dentro de la comunidad, los chiítas podían dirigirse a ellos para que les orientaran. Esto cambió, sin embargo, cuando el Duodécimo Imán desapareció. El Chiá se enfrentaba ahora a una cuestión preocupante. Si los imanes eran los únicos guías espirituales de la comunidad, ¿qué iba a ocurrir al no estar presente el último de los imanes? Sin la presencia de ningún imán, ¿qué podía impedir que los chiítas perdieran la fe en los imanes y en sus creencias religiosas? ¿Y quién hablaría por la comunidad en tiempos problemáticos?

Las respuestas a estas cuestiones vinieron de los doctores de la comunidad de los duodecimanos: los ulema. Ellos aseguraron que llevarían a cabo las funciones del imán oculto hasta que Dios decidiera su vuelta. Esto no quería decir que los doctores se consideraran iguales a los imanes, sino que, como muy bien puntualizaron, representarían al imán hasta su retorno, cuando le devolverían todas esas responsabilidades.

Los doctores de los chiítas duodecimanos

Estas ideas se desarrollaron durante un largo período, desde finales del siglo XI hasta el XIX, y han seguido sosteniéndose hasta nuestros días. Los ulema duodecimanos, especialmente los diri gentes, fueron muy influyentes. Estos hombres, en la cúpula de la jerarquía de los doctores, ejercieron un gran poder, especialmente en Irán, donde una gran proporción de las clases populares se convirtió finalmente a la secta chiíta de los duodccimanos.

Durante algún tiempo, el poder político de los doctores duodecimanos fue muy limitado, principalmente porque Irán estaba gobernado por líderes sunnitas que querían mantener el poder fuera del alcance de los chiítas. Esto cambió en el siglo XVI con la subida al poder de la dinastía Safawi, la cual dio a los ulema la oportunidad de influir en las decisiones políticas. Sin embargo, también había desacuerdo acerca de hasta qué punto debían intervenir en la política. Además, pese a su aceptación de las doctrinas de los duodecimanos, a los líderes de la nueva dinastía les preocupaba la posibilidad de que los ulema tuvieran demasiado poder, y decidieron no permitir que esto sucediera.

Mientras tanto, los ulema continuaban debatiendo la cuestión de su intervención en la política. Algunos decían que la política debía ser evitada y que los ulema debían concentrarse en actividades religiosas. Otros sostenían que, de participar más en la política, los ulema podrían trabajar para limitar las actividades corruptas del Estado. Todavía otros opinaban que la actividad política era buena, pero no si ello representaba servir al gobierno. El papel de los ulema, según su punto de vista, consistía en dar apoyo al Estado cuando este gobernara con justicia, pero en atacarlo cuando se volviera tirano. Por encima de todo, decían, el liderazgo religioso debía mantener su independencia del gobierno.

Mientras continuaba este debate, el panorama político de

Irán cambió. Los safawíes fueron derrocados a mediados del siglo XVIII. Los nuevos gobernantes, los Qāŷār, eran también chiítas, como los safawíes. Sin embargo, eran cautelosos respecto a la posibilidad de que los ulema se hicieran demasiado poderosos y, por tanto, trataron de mantenerlos a raya. Para hacerlo, colocaron a un número de ulema en puestos gubernamentales. Si bien a primera vista este acto parecía contrario al propósito de los gobernantes, en realidad les sirvió de mucho. A través de estos cargos pudieron vigilar de cerca a los ulema y sus actividades. Los nombramientos también posibilitaron a los gobernantes de Irán el poder decir que tenían el apoyo de la comunidad escolástica. Las tensiones entre el Estado y los líderes religiosos iraníes, sin embargo, continuaron.

Al entrar en el siglo XX, los Qāŷār fueron reemplazados por un nuevo poder: el de los Pahlawī. El fundador de la dinastía fue un oficial de temperamento violento llamado Rezā Kan, que se dispuso a crear en Irán un estado centralizado. Para controlar a la comunidad religiosa, Rezā Kan instituyó unas normas que limitaban estrictamente las actividades de los ulema.

Durante algún tiempo, Rezā Kan logró controlar a los líderes religiosos iraníes. Su política, sin embargo, encolerizó a muchos iraníes. Al persistir Rezā Kan, y luego su hijo Muhammad, en esta política, creció la hostilidad hacia la dinastía. Hacia los años 60, esas tensiones llegaron al punto de explosión.

Los ascetas del islam

La división de la primera comunidad islámica en sectas se

había producido a causa de conflictos sobre religión y política. Al mismo tiempo, la comunidad original se enfrentaba a otra clase de conflicto: no de fuego y espada, sino de creencias espirituales.

El éxito de la comunidad en sus orígenes había sido sorprendente. En un tiempo relativamente corto, aquella comunidad, antes pequeña y vulnerable, se había expandido más allá de la Arabia, en regiones del Oriente Medio, Asia Central y África del Norte. Con la conquista de esos grandes territorios se habían alcanzado también nuevos niveles de riqueza. Esto era especialmente cierto en la élite musulmana militar y política, la cual obtuvo el control de grandes ciudades, muchas de las cuales eran centros comerciales importantes. De este modo podían expandirse y beneficiarse del comercio. También acumulaban riqueza imponiendo fuertes contribuciones a los habitantes de esas ciudades. A medida que prosperaban, las élites de la sociedad islámica, incluidos los califas, vivían con un lujo exuberante.

Sin embargo, no todos los musulmanes participaban de esta buena vida. A medida que crecía el imperio, algunos musulmanes empezaron a plantearse cuestiones difíciles de resolver. ¿Cómo debían vivir los musulmanes? ¿Qué clase de sociedad iban a construir a partir del nuevo imperio? ¿Era el éxito en este mundo una preocupación para los musulmanes? ¿Qué sucedía con las enseñanzas de Mahoma y del Corán? Para esos musulmanes, las posesiones materiales y el poder político significaban muy poco si las profundas verdades del Corán y las enseñanzas de Mahoma eran ignoradas. Cada vez más fueron dando la espalda a los ricos que disfrutaban de su abundancia mientras otros, a su alrededor, llevaban una vida precaria. Iban sencillamente vestidos y rehusaban el afán por el dinero. Muchos veían la pobreza como una necesidad. Se dedicaban a adorar a Dios a través de la meditación y la plegaria. Esta forma de vida les convirtió en los primeros ascetas del islam.

Para estos ascetas, los modelos eran Mahoma y los primeros líderes de la comunidad, hombres tales como Abū Bakr. Mahoma, creían ellos, había llevado una vida sencilla, dedicada a Dios. Nunca se habría permitido la tentación de los lujos de este mundo. Después de él, Abū Bakr había rechazado también toda riqueza, prefiriendo vivir en un estado de pobreza y profunda devoción religiosa. Así es como los ascetas trataron de orientar sus vidas.

Para aquellos primeros musulmanes devotos, la máxima preocupación era Dios, al que consideraban no solo el creador del universo, sino también un motivo de profunda devoción y amor. De diferentes maneras, aquellos ascetas expresaban su profunda unión con Dios.

Una de las primeras voces de ascetismo en el islam fue la de Hasan al-Basri (m. 728). Teólogo y maestro, al-Basri fue famoso por la fuerza que imprimía a sus sermones. Se dice que advirtió a los que le escuchaban de que el mundo era un lugar miserable en el que demasiadas personas habían olvidado a Dios. Después de su muerte circularon historias de cómo se pasaba horas llorando, no solo por el estado del mundo, sino también por la cólera de Dios en el Día del Juicio.

No todos los primeros ascetas eran tan pesimistas; otros pensaban en Dios con un profundo sentimiento de amor. Rabia al-Adawiyya (m. 801) se contó entre ellos como mujer. Al igual que al-Basri, llevaba una vida sencilla, rechazando las lujosas vestiduras y las propiedades. Pero su acercamiento a la adoración de Dios era diferente, ya que definía a Dios en un lenguaje alegre. Era como si estuviera describiendo las emociones de un ser humano enamorado, aunque para al-Adawiyya se trataba de un amor mucho más grande. Se dice que, durante su vida, recibió muchas propuestas de matrimonio de hombres de su comunidad y que dio a todos ellos su negativa, puesto que su amor estaba reservado a Dios.

Sufismo

El término sufismo probablemente proviene de la palabra árabe "sus", que significa lana. Se cree que los primeros musulmanes ascetas llevaban prendas de lana cruda. Estas prendas sencillas y sin acabar querían simbolizar el rechazo de los lujos y las preocupaciones de este mundo. Los musulmanes ascetas pudieron haber copiado esta práctica de los monjes cristianos del Oriente Medio cuando el islam se introdujo en aquella zona.

El ascenso del sufismo

Al-Basri, al-Adawiyya y otros ascetas tuvieron seguidores que compartían sus ideas y quisieron aprender de ellos. Estos ascetas, a su vez, atrajeron a estudiantes y, de esta forma, las ideas de ascetismo y absoluta devoción a Dios se extendieron por toda la comunidad islámica.

Estas ideas y prácticas dieron lugar al misticismo islámico, el cual se conoce como sufismo. Los místicos, o sufíes, siguieron los pasos de los primeros ascetas, pero también pudieron haber absorbido las enseñanzas de místicos cristianos y judíos que vivían en determinadas zonas del Oriente Medio. Durante varias generaciones desarrollaron sus ideas en prácticas más formales. Es importante tener en cuenta que el sufismo no es una secta del islam; ha sido y es aún practicado tanto por los sunnitas como por los chiítas.

Para los sufíes, nada era más importante que la presencia de Dios en el mundo.

Los sufíes veían la vida como una especie de viaje en el cual uno estaba buscando constantemente una experiencia directa con Dios. Muchos de ellos creían que el camino para encontrarlo era el estudio del Corán y los hadices, orando regularmente. En otras palabras, vivir la simple y disciplinada vida de un musulmán devoto. Otros sufíes, sin embargo, discrepaban. Creían que, aunque necesarios para la vida religiosa, la plegaria, el estudio del Corán y otros deberes de los musulmanes no eran suficientes. Buscaban una experiencia de Dios más directa y emocional.

Al principio, el número de sufíes era muy pequeño. Generalmente, eran estudiosos que se reunían en privado, para discutir la naturaleza de la vida espiritual y las diversas prácticas rituales que pudieran acercarlos más a Dios. Sus ideas iban más allá de la comprensión de la persona media y, por tanto, al principio tuvieron poco eco popular. Gradualmente, sin embargo, estos hombres y estas mujeres místicos y sagrados empezaron a atraer a estudiantes y otros seguidores, siendo pronto considerados como personas dotadas de poderes espirituales fuera de lo normal.

A medida que las ideas y prácticas rituales desarrolladas por los sufíes se expandían, se reunían grupos de estudio en mezquitas y hogares de manera informal. A principios del siglo X se establecieron centros de sufismo, en los que un maestro servía de profesor y líder de los seguidores. Algunos de estos proseguían los estudios para convertirse ellos mismos en maestros. Así, el sufismo pasó de generación en generación.

Hacia el siglo XII, los centros sufistas podían encontrarse en todo el Oriente Medio y África del Norte. Generalmente contaban con escuelas, mezquitas y hostales donde los estudiantes podían comer y encontrar un lugar donde dormir. El corazón de estos centros era la casa del maestro sufí, o šayj. Era allí donde el šayj conducía las clases y enseñaba a sus alumnos a través de prácticas rituales.

El centro sufí

En persa, el centro sufí se llama janqāh; en turco, tekke; y en árabe se usan comúnmente dos nombres: el ribāt y el zāwiya.

Las órdenes sufíes

En el siglo XII, las reuniones esporádicas del período anterior evolucionaron hasta integrar organizaciones formales llamadas órdenes sufíes. Cada orden sufí, o tarīqa, estaba constituida según las enseñanzas de un antiguo maestro y sus estudiantes. Sus ideas y los rituales que practicaban se formalizaron para convertirse en formas específicas de culto. A menudo la orden llevaba el nombre de su fundador, generalmente el maestro original o un antiguo estudiante.

Una de las primeras órdenes sufíes fue la Qādiriyya, la cual tomó el nombre de 'Abd al-Qādir al-Jilani (m. 1166). De ascendencia iraní, 'Abd al-Qādir había sido profesor de leyes en Bagdad durante muchos años. Hasta una edad tardía no empezó a enseñar sus ideas sufistas en público. El número de alumnos creció rápidamente y se abrió un centro para él. Después de su muerte, sus estudiantes más próximos continuaron transmitiendo sus ideas y abrieron centros Qádiriyya por todo el Oriente Medio.

Durante los siglos XII y XIII se fundaron otras órdenes. La orden Suhrawardiyya, por ejemplo, tomó el nombre de 'Umar ibn 'Abd Allāh al-Suhrawardi (m. 1234), un profesor de religión de la pequeña ciudad iraní de Suhrawarda. Se abrieron centros de esta orden por todo el Irán, Asia Central y la India. Otro ejemplo: la orden Šadhiliyya fue fundada en África del Norte por Ahmad ibn Allāh al-Šadhili (m. 1258). Nacido en Marruecos y educado en Egipto, este atrajo a un gran número de seguidores en Egipto y más tarde en Túnez, donde murió. Los centros de esta orden estuvieron pronto presentes desde Siria hasta Arabia y, a través del norte de África, hasta Marruecos.

Más adelante, hacia los siglos XIV y XV, estas y otras órdenes sufíes se expandieron debido a su considerable poder político. Con frecuencia, los gobiernos de diferentes regiones del mundo islámico trabajaban para obtener el apoyo de las órdenes sufíes. La dinastía safawí —que combinaba el sufismo con las ideas radicales de los chiítas y gobernó en Irán desde finales del siglo XV hasta los comienzos del XVIII— empezó con un movimiento sufí.

Las órdenes sufíes desempeñaron un importante papel en la difusión del islam en nuevas áreas del mundo. En la India y regiones del Asia Central, Malasia e Indonesia, además de gran parte del África subsahariana, los misioneros sufíes convirtieron a mucha gente al islam. Los sufíes acompañaban a los comerciantes mientras estos ejercían su labor, a través del Océano Indico a varias regiones de Asia y a través de las rutas del comercio del continente africano. Incluso se unieron a los ejércitos de varias dinastías islámicas que ensancharon el ámbito de su control mediante conquistas. En cada región, las órdenes sufíes fundaban centros donde se divulgaba el mensaje del islam.

Capítulo 6

Vida ritual de los musulmanes

Al igual que de los miembros de otras comunidades religiosas, se espera de cada musulmán que lleve a cabo actos rituales que sirvan al objetivo definitivo de adorar a Dios. Pero de un musulmán se espera mucho más que la mera práctica de unos ritos. Esa práctica debe ir acompañada de la intención, o lo que los musulmanes llaman niyya. Tanto si se trata de una plegaria como del peregrinaje, el creyente debe realizar cada acto de culto con plena sinceridad. Efectuar los actos rituales sin concentrarse en su significado apenas es algo más que no realizarlos.

Las más importantes prácticas rituales de los musulmanes suelen denominarse los cinco pilares del islam. La primera es el salāt, u oración diaria. Los musulmanes realizan el salāt cinco veces al día. Cada sesión de plegaria empieza por la llamada o convocatoria a orar.

La plegaria y el šahāda

Para muchos no musulmanes que visitan el mundo islámico, la llamada a la oración es una de las primeras particularidades que se descubren en la vida de los musulmanes. En las comunidades cristianas, los domingos y festivos por la mañana, los fieles son llamados a la iglesia por medio de campanas. En el mundo islámico, es la voz humana quien llama a los creyentes.

La llamada a la oración, o adān, se hace desde una alta estructura que forma parte de las mezquitas, llamada madāna, o, en español, alminar o minarete. Los individuos que llaman a los musulmanes a la plegaria se conocen como los mu'addin. Tradicionalmente, los mu'addin, o muecines, hacen la llamada desde el alminar usando solo su voz. Hoy es bastante común la utilización de micrófonos con altavoces adosados a la parte superior del mismo alminar.

Los muecines hacen la llamada cinco veces al día con un canto lento. En las grandes ciudades, estas voces forman una larga onda de sonido. Para la persona que visita el mundo islámico por primera vez, la llamada puede ser sorprendente y constituir una curiosa experiencia.

La llamada a la plegaria es más bien corta. En su frase inicial, Allāhu ajbar (Dios es grande), proclama la importante creencia islámica: Dios es el ser supremo sobre todas las cosas. La llamada continúa: «Tengo el testimonio de que no hay otra deidad que Dios», afirmando la unicidad de Dios, el principio central del islamismo. La frase que sigue nombra a Mahoma como el profeta del islam: «Tengo el testimonio de que Mahoma es el mensajero de Dios». Finalmente, en dos frases, se dice a los musulmanes: «Ven a rogar» y «Ven a la salvación». La idea de estas frases es que mediante la plegaria los musulmanes rendirán culto a Dios y, en compensación, recibirán el favor de Dios. La llamada finaliza, como en el comienzo, con la frase: Allāhu ajbar.

Los musulmanes se preparan para cada una de las sesiones diarias con un corto ritual de purificación llamado wudu. Se lavan con agua en la misma mezquita, donde hay generalmente unas pilas de agua para este fin. En casa o en el lugar de trabajo hacen uso de las facilidades disponibles.

Con el wudu completo, el musulmán está listo para orar. Aunque se considera mejor hacerlo en compañía de otros fieles, es perfectamente aceptable rogar solo en casa, por ejemplo. Cuando oran juntos, lo hacen en fila, lado a lado. Si los hombres y las mujeres están juntos, las mujeres deben orar detrás o separadas de los hombres. En muchas partes del mundo islámico, las mujeres efectúan, por lo general, sus plegarias en casa y son los hombres quienes utilizan las mezquitas regularmente.

De pie, ante las filas de fieles, hay un individuo que dirige la plegaria. En las mezquitas, la oración es conducida generalmente por una persona conocida como el imam (imán, en español), o líder de plegaria. Fuera de las mezquitas, cuando los musulmanes oran juntos, escogen a alguien que dirija la plegaria; generalmente es un hombre viejo, elegido por su piedad. El imán y las filas de personas que están detrás de él, todos miran en la misma dirección, hacia la ciudad santa de La Meca y la sagrada Kaaba.

El salāt consiste en unas frases pronunciadas y un conjunto de cuatro posturas: de pie, inclinados, postrados y sentados. Estas posturas se llevan a cabo en un ciclo regular que cada musulmán aprende desde niño. Hay un ciclo ligeramente diferente de frases y posturas para cada una de las plegarias diarias. Se considera un acto piadoso el repetir parte o la totalidad de un ciclo de oración. Los rezos hablados son cortos; plegarias voluntarias a Dios.

La oración termina cada vez de la misma manera. Volviéndose a derecha e izquierda, cada individuo desea a la persona que está a su lado, paz y la bendición de Dios. Esta es una manera por la cual los musulmanes afirman que todos son miembros de una misma comunidad, y que comparten la misma fe en un solo Dios.

El segundo de los pilares del islam es una corta declaración conocida como el sahada, o testimonio. El contenido del sahada es similar al de la llamada a la oración, en el sentido de que proclama la unicidad de Dios. La mayoría de musulmanes aprenden de niños esta declaración. Es también el acto de fe que se requiere de los que se convierten al islam. Esta corta afirmación expresa las más fundamentales creencias de la fe islámica, y el hecho de aprenderla y recitarla de corazón constituye la unión simbólica a la comunidad islámica.

Los cinco pilares del islam

Salāt: oración cinco veces al día.

Šahāda: literalmente, "testimonio", una corta declaración afirmando la grandeza y la unicidad de Alá.

Sawm: ayuno ritual que tiene lugar todos los años durante el noveno mes del calendario islámico.

Zakāt: limosna; una tasa religiosa destinada a los pobres, los enfermos, los dementes y otros grupos menos privilegiados de la comunidad islámica.

Haŷŷ: peregrinaje a la ciudad santa de La Meca. La oportunidad de realizar el haŷŷ se produce todos los años durante el duodécimo mes islámico. Se pide a cada musulmán que lo efectúe, al menos, una vez en la vida.

EL AYUNO Y LA LIMOSNA

El sawn, o ayuno ritual, es el tercer pilar del islam. Este ayuno se practica todos los años durante el Ramadán, en el noveno mes del calendario islámico. Durante el ayuno del Ramadán, que se prolonga durante todo el mes, se imponen estrictas restricciones en la vida diaria de los musulmanes. Por ejemplo, no pueden comer ni beber durante las horas diurnas. Cuando se pone el sol, al final del día, los musulmanes rompen el ayuno, pero incluso entonces deben comer y beber con moderación. El ayuno se reanuda a la mañana siguiente. Tradicionalmente, el ayuno empieza cuando hay suficiente luz en el cielo para distinguir un hilo blanco de uno negro. También el fumar está prohibido durante el Ramadán, así como las relaciones sexuales. El Ramadán significa un tiempo de abstinencia física y de incremento de devoción en las prácticas religiosas.

El ayuno puede ser muy duro. A veces tiene lugar en verano cuando, en la mayor parte del mundo islámico, los días son largos y calurosos, siendo muy peligroso abstenerse de beber agua. Por estas razones, los enfermos, los de edad avanzada y los que son muy jóvenes no tienen la obligación de observar el ayuno. Los que viajan también están excusados de hacerlo, pero se espera que recuperen durante el año los días que no han hecho abstinencia.

El ayuno del Ramadán ha sido criticado por algunos musulmanes por todo lo que exige de los individuos y la sociedad. Muchos sostienen que es inútil que las personas observen tan estrictamente el ayuno. Insisten en que, como es natural, la persona trabaja más lentamente y con menos eficacia cuando no come. Algunos de estos críticos dicen que se debería dar a las personas la opción a practicar o no el ayuno, o bien, que este fuera de alguna forma reducido.

En contra de tales argumentos, otros musulmanes responden que, por el contrario, el ayuno requiere ser estrictamente observado porque el Ramadán es el único período en que los musulmanes pueden concentrarse plenamente en la práctica de su fe, mientras ocupan menos tiempo en las preocupaciones de su vida diaria. Es un tiempo de culto y contemplación, una ocasión para los musulmanes de estrechar sus lazos con la familia y la comunidad.

Como ocurre en toda comunidad religiosa, hay muchos musulmanes que no observan totalmente los ritos de su fe. En privado, por ejemplo, hay algunos que deciden no practicar el ayuno, así como abstenerse de orar. Lo interesante del Ramadán, sin embargo, es que, en público, es extremadamente raro encontrar a un musulmán comiendo o bebiendo durante las horas diurnas. En muchas partes del mundo islámico, los cafés y los restaurantes están cerrados durante buena parte del día, o sirven solamente a los turistas extranjeros.

Para los que observan el ayuno, el Ramadán es un período espiritual durante el cual el musulmán se concentra más que nunca en las actividades religiosas, tales como leer el Corán. No es nada fuera de lo corriente que algunos musulmanes reserven vanos días del Ramadán para un retiro espiritual, cuando uno vuelve la espalda al mundo y se dedica solamente a los asuntos religiosos.

El Ramadán es también la ocasión en que se pide a los musulmanes que presten más atención al hambre, a los pobres y a los necesitados. Compartir la comida con vecinos menos afortunados o dar ropa, por ejemplo, son maneras de ayudar a cubrir esas necesidades. El mismo Corán habla del apoyo que los musulmanes han de prestar a los necesitados de sus comunidades. Tales actos son también una manera de demostrar el compromiso de uno con la te.

El cuarto pilar del islam trata más directamente las necesidades de los pobres y los indigentes. El zakāt, o limosna, es una forma de contribución religiosa que se pide a todos los musulmanes que puedan pagarla en una fecha determinada todos los años. El dinero recaudado se destina a grupos específicos de la comunidad islámica, incluidos los pobres, enfermos, dementes y otros grupos que no pueden valerse por ellos mismos. Para los musulmanes, el zakāt no se considera caridad, sino una importante obligación religiosa. En la mayor parte del mundo árabe, hoy, el zakāt no es un impuesto del gobierno; más bien se espera de los musulmanes que lo paguen voluntariamente. Al igual que los otros cuatro pilares, el zakāt constituye una parte importante en la vida religiosa de los musulmanes. El Corán dice que dar limosna es uno de los deberes que Dios exige a los musulmanes. El zakāt se confunde a veces con otro acto, conocido como sadaqa. Este también consiste en dar limosna, pero a diferencia del zakāt, es un acto de caridad, no una obligación. Tampoco lo integra una cantidad fija de dinero. Después de la plegaria del mediodía del viernes, día sagrado del islam, los musulmanes suelen practicar el sadaqa dando pequeñas cantidades de moneda fraccionaria o comida a los mendigos que esperan a la salida de las mezquitas.

LA MECA

Hoy La Meca se halla en el Estado de la Arabia Saudí.

El gobierno de este país paga por la seguridad, alimentación, alojamiento y necesidades sanitarias de los peregrinos. Considerando que más de dos millones de peregrinos asisten a la peregrinación todos los años, resulta una tarea administrativa ciertamente difícil.

El quinto pilar: la peregrinación

El quinto pilar del islam es uno que los musulmanes son muy estimulados a practicar, al menos una vez en la vida: la peregrinación a la ciudad santa de La Meca, o, como lo llaman los musulmanes, el haŷŷ. Cada año, durante el duodécimo mes de Du al-Hiyya, los musulmanes de todo el mundo islámico realizan el sagrado viaje. En La Meca participan en una serie de actos rituales durante un período de cinco días. A diferencia de los otros cuatro pilares del islam, el haŷŷ no es obligatorio; solo se espera que se sumen a la peregrinación los que han alcanzado la madurez y los que tienen recursos financieros para pagarse el viaje sin dejar de satisfacer las necesidades domésticas.

El primer acto del peregrinaje consiste en vestirse con una prenda blanca y limpia conocida como ihrām. El uso de esta pieza de ropa es obligatorio para los hombres, pero a las mujeres se les insta a que lleven las vestiduras tradicionales de sus países de origen. Las mujeres deben llevar la cabeza cubierta durante todo el período del peregrinaje, pero los hombres han de tener la cabeza descubierta. A partir de aquí hasta el final del haŷŷ, se considera que los peregrinos están en estado de santidad.

Después de su llegada a La Meca, los peregrinos se disponen a practicar los actos rituales del haŷŷ. Los musulmanes de países de habla no árabe suelen ser asistidos por guías, conocidos como mutawwifs, los cuales son empleados del gobierno de la Arabia Saudí. Los guías ejercen la función de traductores para los peregrinos que no hablan o no comprenden el árabe y les ayudan en la realización de los actos rituales.

Algunos de estos se practican a elección del individuo, incluyendo sesiones de oración y otra conocida como el tauaf, que consiste en dar, al menos, siete vueltas alrededor de la Kaaba. Los peregrinos tienen menos posibilidades de elección cuando se trata de actos rituales de grupo, los principales del haŷŷ.

Los actos rituales de grupo se llevan a cabo en un orden preestablecido durante los cinco días de peregrinaje. Uno de estos actos tiene lugar en la pequeña ciudad de Mina, en los alrededores de La Meca. Allí, en un extenso llano conocido como 'Arafa, los peregrinos realizan el wukūf, o ceremonia de permanencia, en la cual han de estar presentes en la explanada desde el mediodía hasta la puesta del sol. Es la única ocasión durante el haŷŷ en que los peregrinos pueden estar todos juntos. Se montan tiendas para la multitud, y por este simple día del año, el llano de 'Arafa parece una ciudad bulliciosa. Durante esas horas, se insta a los peregrinos a que oren en silencio. En el centro de la explanada hay una pequeña colina conocida como Monte de la Merced. Durante este día, los peregrinos suben al montículo, donde piden a Dios que les perdone sus pecados. Todos los peregrinos deben realizar en 'Arafa estas prácticas rituales. Su incumplimiento significa que la peregrinación ha sido incompleta y debe ser repetida otro año.

Aunque el peregrinaje a La Meca puede representar una

carga financiera para algunos y especialmente ardua para las personas de más edad, la mayoría de devotos aspiran a realizarlo. Para el individuo musulmán, la importancia del haŷŷ no puede ser más recalcada. El peregrinaje es, de hecho, una visión ampliada del salāt, la plegaria que los musulmanes practican cada día de cara a La Meca y la Kaaba. Durante la peregrinación, sin embargo, el musulmán se halla realmente en La Meca, lugar considerado a veces como la casa de Dios. Por tanto, el peregrino es, de alguna manera, uno de los visitantes de Dios. Como casa de Dios, La Meca es el lugar más santo del mundo de los musulmanes.

Cuando se llega al final de los cinco días del haŷŷ, los peregrinos se quitan el ihrām. Durante algunos días, los peregrinos continúan orando y realizan, al menos, dos tauafes más alrededor de la Kaaba. En el segundo, llamado el tauaf de despedida, la peregrinación se considera terminada. Muchos peregrinos añaden una última parte a su viaje: una visita a la tumba de Mahoma, en Medina, para presentar sus respetos al profeta del islam.

Los peregrinos emprenden el viaje de regreso a sus respectivos países por avión, autobús, barco o tren. A su llegada, generalmente son recibidos con una gran bienvenida por sus familias y vecinos. El cumplimiento del peregrinaje es un motivo de celebración. El peregrino, después de todo, ha vivido una de las más importantes experiencias de la vida de un musulmán. Habiendo realizado el santo viaje a La Meca y la Kaaba, el peregrino es ahora un haŷŷi o, si es una mujer, una haŷŷa.

Las peregrinaciones ponen en contacto a musulmanes de todo el mundo. Es el momento en que los musulmanes de muy diferentes orígenes y de diferentes lenguas y costumbres comparten una común e intensa experiencia. Desde que Mahoma instituyó la primera peregrinación a La Meca, se ha escrito mucho sobre el haŷŷ. Estas descripciones muestran lo importante que es para los musulmanes la experiencia de la peregrinación.

LOS ACTOS RITUALES DE LOS CHIÍTAS

Mientras todos los musulmanes se disponen a observar el haŷŷ y los otros cuatro pilares del islam de la mejor manera posible, los chiítas practican además otros actos rituales. El foco más importante de esos actos es el décimo día del mes islámico de Muharram. En este día del 680, Husayn, el nieto de Mahoma, fue muerto en batalla por los soldados omeyas. Este día se conoce como 'āšūrā'.

El centro de los actos rituales del 'āšūrā', es una elaborada función conocida como ta'ziya, o representación de pasión. Celebrada durante el mes de Muharram en cada comunidad chií, la representación de la pasión es una emocionante reconstrucción de la muerte de Husayn. Aunque podemos considerarla teatro, es muy distinta de las obras que uno puede ver en occidente. La gran diferencia consiste en que no solo se permite la participación de la audiencia, sino que se estimula a esta a participar.

En escena, ante una audiencia cautiva, los actores representan la muerte de Husayn con todo detalle. Pero se muestra algo más que su muerte. Se describen todos los acontecimientos relacionados con la comunidad chiíta y sus imanes en su lucha contra los califas omeyas y abasíes. El punto culminante de la representación es el ataque a Husayn y su hijo infante.

A medida que la historia avanza hacia el inevitable clímax, va aumentando el grado de emoción dentro y fuera del escenario. Durante toda la representación, los miembros de la audiencia ofrecen consejo a los actores, gritan y ríen cuando los imanes triunfan y se entristecen cuando las cosas se vuelven en contra de ellos y sus seguidores. Esas emociones llegan a su punto culminante con el ataque a Husayn. Cuando salen los soldados omeyas con sus lanzas y sus espadas, y empiezan a atacar a Husayn y su caballo, y cuando la cabeza de Husayn es finalmente separada de su cuerpo, los espectadores lloran y lanzan insultos contra los soldados omeyas. Ha habido ocasiones en que, dada la representación particularmente vivida, algunos han subido al escenario para precipitarse contra los actores que representan a los soldados, a fin de proteger a Husayn y sus gentes.

Otras prácticas rodean la representación de la pasión. Con frecuencia, antes de la representación se celebra una procesión en la que se llevan modelos de la Kaaba y de las tumbas de los imanes. Miembros de la comunidad despliegan pancartas adornadas con escenas de las muertes de los imanes, sus leyendas y versículos del Corán.

Las procesiones del ta'ziya incluyen otro acto que muchos musulmanes no chiiitas encuentran deprimente, En las procesiones marchan filas de hombres, muchos de ellos desnudos hasta la cintura, golpeándose ellos mismos la espalda con cuchillos y cadenas, mientras entonan rítmicamente el nombre de Husayn.

Para el visitante extranjero, estas escenas pueden ser impactantes. Para los chiítas, su significado es claro: ʿāšūrāʾ es la ocasión de expresar sus hondas emociones de pena y cólera. En el año 680, los chiítas habían reivindicado para el imán Husayn su puesto como líder de la comunidad islámica. Cuando finalmente respondió a su llamada y emprendió la marcha para reunirse con ellos, estos le fallaron. En lugar de salir a su encuentro para luchar contra los odiados omeyas, los chiítas esperaron en casa, dejando que sus adversarios atacaran a Husayn y le cortaran la cabeza. Y es precisamente en el 'āšūrā' cuando la comunidad chiíta expresa su culpa por no haber actuado y su tristeza por la trágica muerte de su querido Husayn.

A Husayn se le recuerda también de otra manera durante el 'asura'. Es en el rawdajani, o recital del sufrimiento del imán Husayn. Un individuo, o una familia, invita a un grupo de amigos a una reunión privada. Allí, un recitador profesional cuenta la historia del martirio de Husayn, generalmente con gran detalle. Un recitador experimentado llega a la sensibilidad más profunda de los oyentes, quienes lloran y, a veces, incluso, se levantan gritando desesperadamente el nombre de Husayn. Al igual que en el acto teatral de la pasión, pueden producirse hechos extremadamente emotivos. Los chiítas tienen aún otras formas de honrar a los imanes. En tiempos inmediatamente anteriores a los modernos, las dinastías locales no podían garantizar siempre la seguridad de los peregrinos que viajaban a La Meca. Por tanto, las visitas a las tumbas de los imanes eran consideradas un sustituto del haŷŷ. Hoy, si bien los chiítas del Irán, Irak y otras zonas toman parte en el peregrinaje a La Meca, se considera un acto piadoso la visita a esas tumbas y otras pertenecientes a miembros menos destacados de la familia 'Alīdas.

Los nombres de Dios

Entre los 99 nombres de Dios se encuentran: al-Rahmān

("El Compasivo"), al-Rahīm ("El Misericordioso"), al-'Azīz ("El Todopoderoso") y al-Khāliq ("El Creador").

Los actos rituales de los sufíes

A través de toda la historia islámica, tanto los sunníes como los chiítas han realizado prácticas rituales de sufismo. Hacia el siglo XIV, el sufismo estaba tan extendido en el mundo islámico que era un hecho común para los musulmanes ordinarios el practicar sus actos rituales. El término general para esos actos es dikr. Al practicarlo, el sufí repite los nombres de Dios —los musulmanes creen que Dios tiene 99 nombres— y sus atributos. Los dikrs pueden recitarse en privado como complemento a la plegaria ordinaria, pero también pueden ser practicados en grupo por las órdenes sufíes. Cada una de estas órdenes tiene su propio dikr especial, desarrollado por los primeros maestros de la orden y sus estudiantes.

En los dikrs de grupo, algunas de las órdenes repiten simple mente la palabra Alá, una y otra vez; algunas veces en voz baja. otras en un verdadero cántico en voz alta, los miembros de algunas órdenes lo hacen tranquilamente sentados; los de otras, en cambio, prefieren hacerlo de pie, y a menudo los participantes se balancean de un lado a otro mientras pronuncian los dikrs. Existen órdenes sufíes que han desarrollado rituales más elaborados, en los cuales se repiten largas frases de alabanza a Dios y Mahoma. Tales prácticas pueden incluir un movimiento físico intenso, como la danza o un movimiento de rotación de la parte superior del cuerpo. Con independencia de la forma en que se haga, el objeto del dikr es casi siempre el mismo: acercarse a Dios.

La práctica del dikr llegó a ser común en la vida religiosa de muchos musulmanes —si no de la mayoría— en el siglo XIV. En vecindarios y pueblos de todo el mundo islámico, los fieles se reunían en mezquitas y centros sufíes para recitar los dikrs junto con los otros miembros de sus órdenes. Se practicaban en las fiestas religiosas y en otras ocasiones especiales, como el cumpleaños del profeta Mahoma.

En aquel período, había otra forma ritual que también era muy común. Para los musulmanes ordinarios, el mundo religioso estaba habitado no solo por Dios y los profetas, sino por individuos profundamente espirituales a los que podríamos llamar santos. Entre estos santos había maestros sufíes, hombres y mujeres santificados que habían sido vistos en muchas partes del mundo islámico como poseedores de baraka, un poder espiritual que Dios les había dado. El baraka les permitía realizar actos milagrosos como, por ejemplo, curar a los enfermos.

El baraka del individuo santificado se creía que podía seguir vigente después de su muerte. Era traspasado a los miembros de su familia y, más frecuentemente, se creía que habitaba en la tumba del santo que había sido enterrado. En consecuencia, era corriente la visita a las tumbas de los santos. Para los musulmanes ordinarios, el fin de esta visita consistía en ser tocado por los poderes del santo; por el baraka.

Una visita a la tumba incluía a veces ciertos actos rituales. Los visitantes llevaban pequeñas ofrendas al santo o a su familia. Platos de comida, pequeños regalos o sumas de dinero eran las ofrendas más comunes. Usualmente posaban sus manos sobre la tumba, hasta el punto de dejarla gastada en aquellos lugares en que había sido repetidamente tocada a través de los años. También se podía rezar o recitar en voz alta una parte del Corán. El que esto escribe ha sido testigo de visitas de musulmanes a la tumba de un santo local en la ciudad de Marrakech, al sur de Marruecos. Después de recitar un breve versículo coránico o una plegaria, los visitantes dejaron pequeñas piezas de ropa atadas a las barras que cruzaban las ventanas de la tumba. De esta manera, los visitantes trataban de ganarse la ayuda del santo y un pequeño toque del baraka.

Muchos miembros de la comunidad, especialmente líderes religiosos, maestros y musulmanes de cierta cultura, ponían fuertes objeciones a la veneración de los santos. Según su punto de vista, las enseñanzas del islam estaban siendo corrompidas por esas prácticas. Sus opiniones parece que convencieron a un número de creyentes para que abandonaran estas actividades; pero todavía hoy, otros siguen practicándolas.

Un ataque particularmente colérico contra la práctica de visitar las tumbas —y contra el sufismo en general— vino de un movimiento radical que apareció en Arabia en el siglo XVIII. Conocido como el movimiento wahhabí, fue capaz de tomar el control de gran parte de la península arábiga a primeros del siglo XX. El Estado que fundaron llevaba el nombre de un gran clan tribal que sostenía el movimiento: el clan Sa'ūd. A partir de él se creó lo que hoy conocemos como Arabia Saudí. Una de las primeras medidas tomadas por el nuevo Estado fue la destrucción de las tumbas de los maestros sufíes y de otros santos. La veneración de los santos fue denunciada. Como resultado, hoy la Arabia Saudí es una de las pocas zonas del mundo islámico donde el sufismo se halla completamente ausente.

Capítulo 7

Las formas de vida en el Islam

La vida es tan variada en el mundo islámico como lo es en otras partes del mundo no islámicas. En los pequeños pueblos musulmanes de Egipto o Bangladesh, los agricultores trabajan en los campos, cuidan de sus cosechas y sus huertos y crían sus cabras, ovejas y vacas. En las ciudades musulmanas —como Rabat, Damasco o Yakarta— hay mucho movimiento de tráfico y de peatones en los distritos comerciales y de negocios. En los vecindarios de las clases media y alta, las calles y plazas están limpias, y las casas están en buen estado de conservación. En los vecindarios pobres, sin embargo, las calles y los edificios muestran señales de precariedad, las aceras están rotas y el hambre y el crimen causan problemas todos los días. En estas áreas, al igual que en otras partes del mundo donde los pobres viven y trabajan, la gente tiene que hacer esfuerzos para ganarse su sustento y el de sus familias.

Como en los países no islámicos, en las casas musulmanas empieza la jornada con un frenesí de actividad. Los niños toman su desayuno y se preparan para ir a la escuela, el padre hace lo mismo para ir al trabajo. Aunque el hombre, en un hogar musulmán, es casi siempre el que gana el dinero, esto va cambiando a medida que más mujeres se incorporan al trabajo fuera de casa. Las mujeres que permanecen en el hogar dedican su tiempo a atender las necesidades de los niños, a la compra y al mantenimiento de la casa.

Por la noche es cuando generalmente puede comer toda la familia junta, y después de cenar, muchos hogares del mundo islámico, como es común en todas partes, se entretienen viendo la televisión. En los fines de semana y días de fiesta, los musulmanes se recrean de varias formas —deportes, picnics, ferias, etc.— según la época del año y el tiempo que hace. Como en la mayoría de países del mundo, con excepción de los Estados Unidos, el fútbol suele ser el deporte favorito en los países islámicos.

Algunos modelos de comportamiento, sin embargo, son únicos en la vida de los musulmanes, como el peregrinaje a La Meca y el ayuno del Ramadán. Aunque estas y otras muchas costumbres y hábitos son comunes en todo el mundo islámico, sería un error creer que todos los musulmanes viven de la misma manera.

Las vidas de los musulmanes están moldeadas no solo por las normas y actividades islámicas, sino también por las costumbres y hábitos nativos de cada zona a la que pertenecen. Por esta razón, los musulmanes de Indonesia o de Senegal no viven exactamente de la misma manera que los de China, Afganistán o Marruecos. En todas partes, los musulmanes han adaptado las normas y los valores islámicos a las costumbres y creencias locales.

La variedad de lenguas que hablan los musulmanes es un ejemplo de las importantes diferencias existentes entre ellos. El arábigo —o árabe—, como idioma del Corán, tiene un estatus especial entre los musulmanes y es casi siempre utilizado cuando se recita el libro sagrado. Los profesores y estudiantes del islam de todo el mundo aprenden a leer y escribir en árabe. Para ello muchos acuden a al-Azhar y otras universidades de los países árabes. La vasta mayoría de musulmanes, sin embargo, no hablan más árabe que lo suficiente para entender un puñado de versículos del Corán. En Pakistán, el urdu es el idioma común de los musulmanes; en Turquía y parte del Asia Central, es el turco; y en Irán, se habla el fársi en la vida diaria. Hay otros idiomas hablados en otras regiones del mundo islámico. Ello no quiere decir, sin embargo, que el Corán no pueda ser comprendido por esos musulmanes. En cada región de habla no árabe se utilizan los idiomas locales en las clases de religión y en sermones para enseñar el Corán y los hadices. También se facilitan traducciones del Corán.

La oración del viernes

En el islam, el viernes es el día de la semana reservado para observancias religiosas especiales. Cada viernes, los musulmanes asisten a una sesión especial de oración que tiene lugar al mediodía. En muchas zonas del mundo islámico, las mezquitas están tan llenas en viernes que la gente reza en su exterior sobre largas alfombras facilitadas por la mezquita. En El Cairo, por ejemplo, no es raro encontrar algunas calles secundarias cerradas al tráfico los viernes por la mañana. En estas calles se extienden largas alfombras de paja para acomodar a los fieles.

A diferencia del domingo en el mundo cristiano, el viernes no es considerado por los musulmanes un día oficial de descanso. No obstante, es un hecho tradicional en muchos países islámicos que cierren los comercios alrededor de las doce del mediodía para que los dueños de los negocios y sus empleados puedan asistir a la oración del viernes. En zonas que proveen a los turistas, las tiendas y los restaurantes pueden permanecer abiertos todo el día. Incluso en estos casos, muchos musulmanes se tomarán la tarde libre para estar con la familia y sus amigos.

Lo que hace diferente a la plegaria especial del viernes es el sermón dado por el imán o por otro individuo escogido por su conocimiento del Corán. El sermón se conoce como el jutbā, y se compone de dos partes: el predicador empieza con una recitación de una parte del Corán y luego procede a pronunciar el sermón. Generalmente el tema es el mismo pasaje coránico. El predicador explica el pasaje en un lenguaje simple y comenta la relación de aquella parte del libro sagrado con las vidas de los que escuchan. Durante el mes del Ramadán, por ejemplo, el predicador trata del ayuno y de la importancia de este importante deber de todo musulmán.

Aunque el predicador trata generalmente de asuntos religiosos, también puede utilizar el sermón del viernes para otros temas. Por ejemplo, puede hacer comentarios sobre problemas sociales, tales como la pobreza, el crimen y el abuso de drogas. En tiempos de guerra puede pedir que el pueblo apoye al gobierno en su lucha contra los enemigos, o bien puede hacer una llamada a los gobernantes para que encuentren una solución pacífica. En muchas partes del mundo islámico, el sermón del viernes pronunciado por un predicador de renombre puede ser retransmitido por radio o televisión, con lo cual alcanza a millones de personas.

Las mezquitas

No todas las mezquitas se utilizan para el sermón del viernes. La mayoría de ellas son relativamente pequeñas y generalmente las usan los residentes en el barrio inmediato. La pequeña mezquita local se llama masjid, o lugar de postración. Para la sesión de plegaria de los viernes se utiliza una mezquita más grande y más céntrica, o ŷāmī. En los pueblos o ciudades pequeñas solo puede haber una de esas mezquitas, mientras que las ciudades más grandes cuentan con un pequeño número de ellas en diferentes zonas.

En el curso de la historia del islam, muchas de estas grandes mezquitas de los viernes se han ido convirtiendo en importantes centros de educación. Quizá la más renombrada de todas es la universidad de al-Azhar, en el centro antiguo de El Cairo. Durante siglos ha atraído a estudiantes y maestros de todas partes del mundo islámico: estudiantes del Sudán o Nigeria congenian con otros procedentes de países tan lejanos como Malasia y Pakistán. Durante gran parte de su historia, al-Azhar ha sido estrictamente un centro religioso donde los estudiantes podían estudiar el Corán y el Hadiz, así como profundizar en otras áreas de la educación islámica. Hoy, al-Azhar es una gran universidad que desarrolla cursos en varios campos, además de los temas religiosos que tradicionalmente ha ofrecido.

Todas las mezquitas, grandes o pequeñas, tienen ciertas características similares. La mayoría, si no todas, tienen agua corriente para que los que acuden a ellas a rezar puedan realizar el wudu, o acto ritual del lavado, que se espera efectúe cada musulmán antes de orar. Todas disponen de zonas amplias y claras donde los fieles puedan alinearse en filas para la práctica de la oración. Y todas tienen lo que se conoce como el mihrāb. Los musulmanes deben orar en dirección a La Meca, y a fin de indicar hacia dónde está la ciudad santa, se construye una hornacina en la pared apropiada. Esta hornacina es el mihrāb, mientras que la dirección de La Meca se conoce como el qibla. El mismo Corán exhorta a los musulmanes a «volver sus caras» en la dirección de La Meca y la Kaaba en sus plegarias.

Muchas mezquitas tienen también un mimbar, el púlpito desde el cual el predicador pronuncia el sermón de los viernes. En algunas de ellas, el mimbar puede ser una simple plataforma elevada, mientras en otras es un conjunto de escaleras que conducen a un pequeño altillo cerrado con una barandilla. Puede ser una estructura muy elaborada. En la mezquita de Ibn Tulun, en El Cairo, una de las más antiguas del mundo, el mimbar está hecho de paneles de madera, de un marrón oscuro, cincelados con magníficos y complicados dibujos.

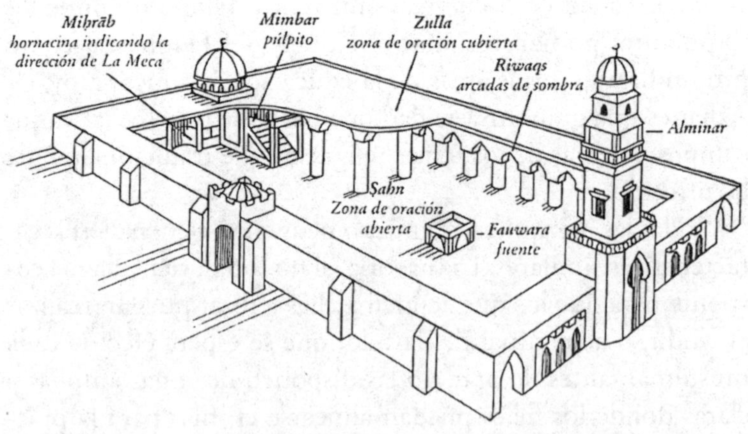

Las iglesias cristianas están decoradas generalmente con vidrieras, pinturas y estatuas; pero las mezquitas, casi sin ninguna excepción, no las tienen. En su lugar, son decoradas con inscripciones del Corán. Estas pueden cubrir las paredes y los techos de una mezquita, incluida la parte interior de la cúpula que corona muchos de estos edificios. Tales inscripciones son solo un ejemplo de la modalidad artística dominante en el mundo islámico: la caligrafía.

FESTIVALES ANUALES

Las mezquitas grandes, como la de al-Azhar, están situadas normalmente en áreas comerciales céntricas. Desde los primeros tiempos del islam, los comerciantes han sido atraídos por las mezquitas porque constituyen centros de mucha actividad, tanto religiosa como de otra índole. En consecuencia, uno encuentra en las ciudades islámicas un gran número de tiendas, librerías y pequeños restaurantes en las calles y pasajes que rodean estas mezquitas. Con una mezquita y una plaza de mercado, Lulo a lado, estas zonas son generalmente las más transitadas y congestionadas de la ciudad. Se llenan especialmente durante las fiestas religiosas y ocasiones especiales, como la fiesta del Ramadán, que dura todo un mes.

Aunque es considerado un deber que ha de tomarse muy en serio y las demandas físicas del ayuno ponen a uno a prueba, el Ramadán presenta también otra cara. En muchas partes del mundo islámico trae consigo un marcado cambio en el ritmo de la vida. La actividad durante las horas diurnas se reduce considerablemente; la gente se vuelve más callada, menos activa y a veces más malhumorada que de ordinario.

Al final del día, sin embargo, el ayuno se rompe, y se espera que los musulmanes lo hagan con una comida ligera conocida como iftar. En algunas partes del mundo islámico, como Marruecos, el alimento puede consistir en una sopa espesa con pan y fruta.

Después de romper el ayuno, el ambiente es festivo. En las ciudades del Oriente Medio, así como en otras zonas islámicas del mundo, es costumbre que los musulmanes salgan después del iftar. Se dedican a visitar a la familia o a los amigos, o simplemente a pasear. Los distritos comerciales a menudo están muy animados, ya que las tiendas y los restaurantes permanecen abiertos. En los cafés, la gente toma té y bebidas de frutas mientras se entablan animadas conversaciones. En El Cairo, cerca de la mezquita de al-Azhar, se celebra una feria de libros durante el Ramadán. Y muy cerca de allí, miembros de grupos sufíes bajo grandes lonas recitan el Corán y practican sus dikrs. Estos actos rituales atraen a muchos curiosos, incluso turistas.

El punto culminante del Ramadán sobreviene hacia el final de mes. En la tarde del día 27°, los musulmanes celebran lo que se conoce como la Noche del Poder. Según la tradición islámica, fue en esta noche del año 610 cuando Mahoma recibió la primera revelación del Corán. Por lo menos en un lugar del mundo islámico —Marrakech (Marruecos)—, el atardecer es muy ruidoso; los jóvenes recorren las calles haciendo explotar petardos. Otra importante ocasión de fiesta se produce tras el fin del Ramadán. Al primer día del mes siguiente, Sawwal, los musulmanes celebran una fiesta muy especial y esperada, conocida como la Fiesta de la Ruptura del Ayuno, o ʻĪd al-Fītr. Durante tres días, los musulmanes se reúnen con la familia y los amigos para comer a lo grande, intercambiarse

Interior de la gran mezquita de Washington, D. C. El islam es una religión mundial que reúne en una sola fe a una vasta diversidad de culturas, idiomas y procedencias.

Oración en la mezquita Badshahi Masŷid de Lahore, Pakistán. Construida por la dinastía mogol en el siglo XVII, es una de las más grandes del mundo, con capacidad para casi 100 000 fieles.

Mujer musulmana en peregrinación a La Meca con ihrüm, túnica blanca símbolo de pureza. Obligatoria para hombres y opcional para mujeres, que deben cubrir su cabello durante el rito.

Procesión chiita en Nueva Delhi durante el ta'ziya, que conmemora la muerte de Husayn ibn 'Alī, nieto de Mahoma y tercer imán, figura central de devoción en el mes de Muharram.

Plegaria islámica en la mezquita Badshahi Masŷid, de Lahore. El salāt incluye postraciones y gestos de paz hacia ambos lados, símbolo de fraternidad y bendición entre los fieles musulmanes.

Mujeres en una mezquita. Los fieles dejan sus zapatos antes de entrar. Existen grandes mezquitas urbanas y otras pequeñas en pueblos y barrios, todas destinadas al culto y la comunidad musulmana.

Escuela rural donde niños musulmanes aprenden a leer y escribir copiando versos del Corán. En muchos países árabes, esta educación religiosa inicial precede al ingreso en escuelas públicas gubernamentales.

El ayatollah Jomeini, líder de la Revolución Islámica de 1979 en Irán. Exiliado quince años tras ser depuesto por el Sha, dirigió desde Irak y Francia el movimiento que acabó derrocando al régimen.

Universidad del Punyab, en Lahore, Pakistán. Fundada bajo influencia colonial británica, refleja cómo las instituciones occidentales de educación se difundieron entre las clases medias y altas del mundo islámico..

Kemal Atatürk, jefe del Estado turco entre 1923 y 1938, transformó el antiguo Imperio otomano en una república moderna y laica, separando religión y política, con amplias reformas inspiradas en modelos europeos.

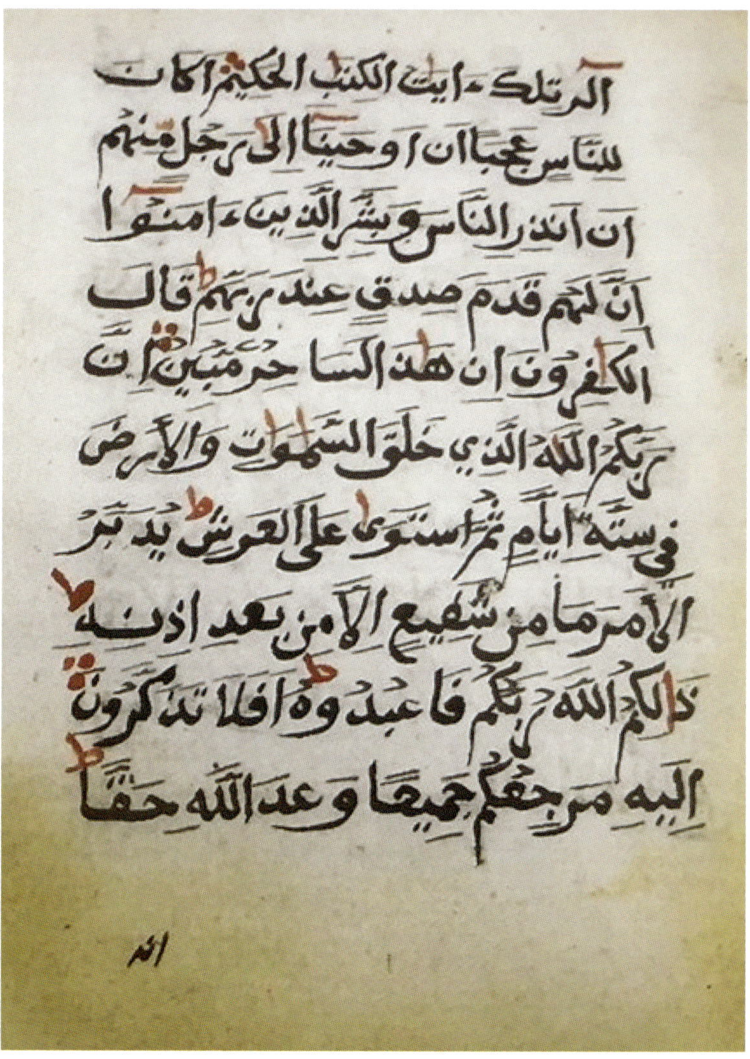

الر تلك ءايت الكتب الحكيم اكان
للناس عجبا ان اوحينا الى رجل منهم
ان انذر الناس وبشر الذين ءامنوا
ان لهم قدم صدق عند ربهم قال
الكفرون ان هذا لساحر مبين ان
ربكم الله الذي خلق السموت والارض
في ستة ايام ثم استوى على العرش يدبر
الامر ما من شفيع الا من بعد اذنه
ذلكم الله ربكم فاعبدوه افلا تذكرون
اليه مرجعكم جميعا وعد الله حقا

انه

Fragmento del sura 10 del Corán. Ejemplo de la caligrafía árabe clásica, que transmite la certeza del juicio divino y la advertencia a quienes persisten en sus malas acciones.

El Gran Bazar de Estambul, uno de los mercados más antiguos del mundo islámico. Refleja la tradición comercial, la convivencia cultural y la continuidad entre el islam histórico y la modernidad urbana.

Interior de la Mezquita Sheikh Zayed, Abu Dabi. Refleja la fusión entre la arquitectura islámica clásica y la monumentalidad contemporánea.

El desierto del Sahara al amanecer. Caravana de camellos avanzando entre dunas doradas. Evoca las antiguas rutas comerciales que conectaban África y Oriente, esenciales en la expansión del islam.

El Palacio de la Alhambra, Granada. Vista de los arcos y mocárabes del Patio de los Leones. Representa la herencia andalusí y la grandeza estética del islam en Europa.

La Mezquita de Cristal, en Kuala Terengganu, Malasia, combina acero, vidrio y cristal. Fusiona tradición islámica y modernidad tecnológica, símbolo del islam contemporáneo en el sudeste asiático.

regalos y, a menudo, practicar su devoción religiosa. En muchos países islámicos, el ʻĪd al-Fītr es una fiesta nacional. Los que están en el extranjero por motivos de trabajo o estudio viajan a su casa para reunirse con la familia. Para muchos musulmanes es el momento de celebrar la renovación de su compromiso con la fe y de dar gracias a Dios por haberse visto a través de la larga fiesta.

Otra celebración importante del año tiene lugar durante el mes del peregrinaje, Du al-Hiŷŷa. Uno de los actos rituales que se practican hacia el fin de la peregrinación a La Meca es el sacrificio de animales, generalmente ovejas, cabras o camellos. En La Meca, mientras los peregrinos consumen algo de esa carne, se distribuye a los pobres mucha parte de ella. En el resto del mundo islámico se lleva a cabo un sacrificio similar en cada hogar o vecindario. Semanas antes de esta celebración, llamada ʻĪd al-Ada, o Fiesta del Sacrificio, es muy corriente ver cantidad de ovejas y cabras, a veces en lugares insólitos. El que escribe ha visto ovejas adultas transportadas en los asientos traseros de los taxis, otras atadas encima de los autobuses y otras alimentándose en las terrazas de los edificios de apartamentos y en las trastiendas de los comercios.

Los mūlūd

Para muchos musulmanes —aunque no todos—, el mūlūd es otra ocasión de celebración. Es un festival que conmemora el cumpleaños de un santo o de otra persona venerada del pasado. Ningún mūlūd es más ampliamente observado que el de Mahoma. Conocido como mawlüd al-nabi y celebrado todos los años durante el Rabí ʻal-Awwal, tercer mes islámico, señala la profunda veneración que sienten los musulmanes hacia Mahoma.

El mūlūd se celebra de maneras muy diferentes. Se rezan plegarias especiales en honor de Mahoma, por ejemplo, y a menudo los grupos sufíes pronuncian dikrs en público, en los cuales se loa su nombre. En las ciudades se engalanan las calles céntricas con luces y pancartas. Hay público congregado para comer dulces, reunirse con amigos y familia, gastarse dinero en pequeñas barracas de feria y relajarse.

En el calendario hay otros mūlūd, muchos de ellos dedicados a los santos. Estas celebraciones, conocidas en muchas zonas como musims, pueden variar en tamaño e importancia. Un determinado santo puede ser venerado en una ciudad en particular, o incluso en un barrio, en cuyo caso el festival se celebra para un número limitado de personas. Otros mūlūd, sin embargo, pueden atraer a musulmanes, sin hablar de turistas, de toda una nación en particular, o incluso alguna región entera del mundo islámico. Aunque a veces muy ruidosos y terriblemente atestados de gente, pueden ser muy divertidos.

En Marruecos, el lugar que acoge una gran celebración anual es la pequeña ciudad de Mūlāy Idrīs. Situada cerca de la ciudad norteña de Meknes, aquella cuenta con una bonita capilla que contiene la tumba de Mūlāy Idrīs, quien ha dado nombre a la ciudad. Considerado a veces como el santo patrón de Marruecos, Mūlāy Idrīs fue el fundador de la primera dinastía de Marruecos en el siglo VIII. Coronada con una magnífica cúpula verde, la capilla fue construida en las últimas décadas del siglo XV. Desde entonces, el festival en honor de Mūlāy Idrīs Mūlāy Idrīs ha atraído a un gran número de personas de todo el país y se ha mantenido como un acontecimiento popular hasta hoy.

En números absolutos, no hay quizá mūlūd más grande que el de Ahmad al-Bādāwi, que se celebra cada otoño en la ciudad egipcia de Tanta. Es un acontecimiento enormemente popular que muchos egipcios no quieren perderse. Las celebraciones de Mūlāy Idrīs y la de al-Bādāwi en Tanta tienen algunas características en común. En ambos casos, el público se reúne para ser tocado por el baraka del santo. Los que pueden, tratan de posar sus manos sobre la tumba de aquél mientras murmuran oraciones o repiten el nombre de Mūlāy Idrīs o al-Bādāwi. En el baraka, según se cree, radica el poder de traer buena suerte, fuerza, salud e incluso el éxito en los estudios o los negocios.

Estas celebraciones suelen ser muy festivas. Los grupos sufíes se reúnen para recitar sus dikrs y atraer a nuevos miembros. Hay procesiones organizadas por los sufíes y por otros grupos. Durante estas procesiones se exhiben pancartas, y con frecuencia un líder de la orden sufí marcha a caballo para que todos lo vean. Atraídos por las grandes multitudes, músicos, contadores de historias, mercaderes y predicadores acuden a ejercer sus especialidades y a ganar dinero. En cualquier zona aprovechable se montan barracas de feria en las que puede encontrarse desde comida hasta prendas de vestir y toda clase de curiosidades. Ambas festividades duran algunos días, y los asistentes pasan la noche donde pueden, ya sea en una mezquita, en los suelos de las casas y tiendas o en algún espacio tranquilo del suelo.

Los mūlūd y otras festividades se celebran en todo el mundo islámico. Si uno deja de fijarse en esas celebraciones ruidosas y públicas y entra en el mundo más tranquilo de la vida familiar musulmana, descubre modelos mucho más privados, pero no menos comunes a la vida de los musulmanes de todo el mundo.

Días musulmanes de observancia

'Īd al-Adhā (conocido también como 'Īd al-Kabīr). – Es el festival de sacrificio que se celebra en todo el mundo islámico en el décimo día del mes de Dū al-Hiŷŷa. El sacrificio constituye un elemento importante del peregrinaje a La Meca, el Haŷŷ.

'Īd al-Fitr (conocido también como 'Īd al-Saġīr). – Celebrado el primer día del mes de Šawwāl, es la fiesta que conmemora el final del Ramadán. Resulta un acontecimiento particularmente agradable para los musulmanes.

Mawlīd al-Nabī. – Cumpleaños del profeta Mahoma, celebrado el duodécimo día del mes de Rabī I. Un festival particularmente popular. Nabī, o "profeta", es uno de los títulos otorgados a Mahoma. Los chiítas celebran su cumpleaños el 17.º día de aquel mes, que es asimismo el cumpleaños de Ŷa'far al-Sādiq, el sexto imán.

'Āšūrā'. – Durante los primeros diez días del mes de Muharram, la comunidad chií conmemora el sufrimiento y muerte del imán Husayn, nieto del Profeta y tercer imán. Estas efemérides alcanzan su punto culminante en el décimo día, conocido como 'Āšūrā'. Los chiítas celebran también los cumpleaños de cada uno de los imanes. En Irán, con mayoría duodecimana, cada uno de sus doce cumpleaños es considerado una fiesta nacional. Por ejemplo, el primero de sus imanes, 'Alī ibn Abī Tālib, se cree que nació el día decimotercero del mes de Raŷab.

La infancia musulmana

Varios hechos marcan los primeros años de la vida de un niño islámico. A su nacimiento, se le da el nombre musulmán. Es muy común, al menos dentro de las familias devotas, utilizar nombres de figuras altamente veneradas de la historia islámica.

Muhammad es, como puede suponerse, el nombre más popular para los hijos varones. Otros pueden ser: Omar(Umar), nombre de uno de los primeros califas, o 'Alī, por 'Alī ibn Abú Tālib. Los nombres Hasan y Husayn son también populares entre los chiítas. A menudo, los varones toman también nombres formados por uno de los nombres de Dios, tales como 'Abd Allāh (sirviente de Dios) o 'Abd al-Rahmān (sirviente del Compasivo).

De manera similar, las niñas reciben nombres de las esposas de Mahoma y de otras famosas mujeres de la temprana historia del islam. Jadīŷa, nombre de la primera esposa de Mahoma, Fátima, nombre de una de sus hijas, y 'Ā'īša, nombre de la segunda esposa de Mahoma, son todos ellos populares.

Tan pronto como los niños musulmanes empiezan a hablar, se les enseñan frases religiosas comunes. Luego deben aprender cortos pasajes del Corán. Una de las frases que se enseñan a los jóvenes es: bismillāh al-rahmān al-rahim, que significa «en el nombre de Dios, el Compasivo, el Misericordioso». Es un juego de palabras utilizado por los musulmanes durante toda su vida y en una variedad de situaciones: antes de comer, al entrar en una habitación, al subir a un autobús o al entrar en una mezquita. La frase gana importancia por el hecho de que cada capítulo, o sura, del Corán empieza con estas palabras.

La educación empieza por el Corán para muchos niños musulmanes. En el primer año de escuela o en pequeños centros, llamados kuttabs, los niños aprenden a leer recitando versículos del Corán. De esta forma, aprenden no solo a leer, sino también a reconocer las enseñanzas centrales de su fe. Una de las primeras partes del Corán aprendida por todos los niños musulmanes es la sura primera: Sural al-Fatiāh.

Para los muchachos musulmanes, un hecho que ocurre pronto en su vida es la circuncisión. En algunas zonas musulmanas tiene lugar alrededor de los 10 años. En otras, no es la edad lo que importa, sino cuando el niño es capaz de recitar el Corán entero en voz alta por primera vez. Aunque la operación en sí misma termina en pocos minutos, la ocasión suele ser celebrada de maneras distintas. En algunas partes de Marruecos, por ejemplo, es costumbre entre las familias que pueden permitírselo alquilar un caballo y pasear al niño montado en él por el vecindario.

Un ritual similar se practica con las niñas al llegar a la edad apropiada. La ablación, o circuncisión femenina, como se la llama a veces, es practicada en ciertas partes del mundo islámico, principalmente en Egipto, Sudán y en gran parte del África subsahariana. La corta operación puede variar en duración y severidad. El resultado final puede ser una pequeña cicatriz en el clítoris o, en los casos extremos, su completa extracción. Se trata de una operación peligrosa —y generalmente realizada en condiciones muy poco higiénicas— que ha sido muy controvertida últimamente, tanto dentro como fuera del mundo islámico. Ha sido prohibida en Egipto, y hay presiones por parte de la Organización Mundial de la Salud para que otros gobiernos del área musulmana sigan su ejemplo. Esta práctica se lleva a cabo en muchos países de

África, entre musulmanes y no musulmanes. Según algunos musulmanes, poco tiene de islámica.

Matrimonio

Se fomenta entre los musulmanes el matrimonio y la procreación de hijos. En muchas partes del mundo islámico, así como en el no islámico, constituye una costumbre establecida que los matrimonios sean pactados por los padres o tutores. Esta práctica está cambiando, y en las zonas urbanas y entre las clases educadas, una muchacha puede, al menos, tener algo que decir acerca de con quién se va a casar. Los jóvenes y las chicas pueden verse en las clases universitarias o en reuniones familiares, pero las citas siguen siendo raras en el mundo islámico. En muchas regiones, la aparición en público de parejas no casadas sin acompañar se considera una vergüenza para las dos familias.

El matrimonio entre dos personas, de acuerdo con la ley islámica, es sellado con un contrato, en el cual los derechos y los deberes, tanto del hombre como de la mujer, son detallados y aceptados por ambas partes. En muchos lugares del mundo islámico, el matrimonio se ve más como la unión de dos familias que la de dos personas.

Generalmente, la ceremonia en sí misma es simple y tranquila. Sin embargo, en las celebraciones que siguen, las familias suelen gastarse grandes sumas de dinero en comida, vestidos y regalos. La abundancia en las celebraciones depende de la economía de las familias implicadas, pero incluso las familias pobres piden dinero prestado para escenificar una boda como creen que debe ser. Por lo general, las celebraciones tienen lugar en casa o en el exterior de la casa de una de las familias. Pueden prolongarse toda la noche o, incluso, hasta más tarde. A veces hay bodas que son todo un acontecimiento social y se invita a todo un pueblo o un barrio a su asistencia. Muy a menudo, los hombres y las mujeres lo celebran al mismo tiempo, pero en edificios o zonas separadas.

Un punto que ha sido muy discutido entre la comunidad islámica es el de si los hombres pueden tener o no más de una esposa. Esta práctica, conocida como poliginia (y solo difiere un poco de la poligamia), parece haber estado presente en la Arabia pre islámica, y se sabe que el mismo Mahoma tenía varias esposas hacia el final de su vida. El Corán establece que un hombre puede tener hasta cuatro esposas, pero solo si puede tratarlas a todas equitativamente (4:3). A partir del auge del islam, la práctica de la poliginia se extendió, pero los expertos no saben a ciencia cierta hasta qué punto. Actualmente, esta práctica es objeto de mucha discusión. Los hay que dicen que debería ser abolida, ya que es imposible tratar con igualdad a más de una mujer. Muchos musulmanes —tanto hombres como mujeres— afirman que también es una forma de discriminación contra las mujeres y que habría que prohibirla. Y citan otro versículo del Corán: «No te será posible tratar a todas tus esposas por igual por más que intentes hacerlo». La práctica puede existir todavía hoy en determinadas partes de mundo islámico, pero en muy raros casos.

Alimento y muerte

Además de impartir unas normas sobre el matrimonio, el Corán se ocupa también de otros aspectos de la vida personal de un musulmán, incluidos los hábitos de comer y beber. El cerdo, por ejemplo, está prohibido, como lo está también el comer la carne de cualquier animal que haya muerto por causas naturales. Los musulmanes solo pueden comer carne de animales que hayan sido sacrificados debidamente, lo cual quiere decir que la sangre ha sido drenada todo lo posible después de matarlos. La bebida alcohólica está también estrictamente prohibida. El Corán menciona específicamente el vino, pero se supone que se refiere a toda sustancia que contenga alcohol. Ello incluye el vino de cocinar y, para muchos musulmanes, cualquier medicina que contenga algo de alcohol.

En muchos países del mundo islámico, sin embargo, se venden y consumen bebidas alcohólicas. Algunos de estos países, tales como Argelia, Marruecos y Egipto, tienen sus propias cervezas nacionales y empresas vinícolas. En bares y restaurantes se sirve vino y cerveza, si bien usualmente se ve solo a turistas no musulmanes consumiendo tales bebidas. La presencia y uso de estas sustancias ha suscitado grandes debates, con la insistencia por parte de musulmanes devotos y líderes religiosos en que se prohíba la venta y fabricación de todas las bebidas alcohólicas. En ocasiones, bares y hoteles han sido objeto de actos vandálicos por parte de musulmanes activistas que se han dedicado a romper botellas de alcohol e incluso a prender fuego a los bares. En algunas zonas urbanas —El Cairo y Casablanca, por ejemplo— el alcoholismo ha sido reconocido como un problema social.

Como en toda fe, la muerte es en el islam objeto de rituales solemnes. Las últimas horas de un musulmán moribundo las pasa con la recitación del Corán. Las 36 suras del Corán tituladas Ya Sin se refieren a la muerte y el juicio de Dios, por lo que se considera la parte del Corán más apropiada para leer. Un miembro de la familia del imán local recita esta sura en voz alta para confortar a la persona moribunda y prepararla para el juicio que se aproxima. Los últimos tres versículos de Ya Sin recuerdan al oyente el poder de Dios:

> *¿Es que Quien ha creado los cielos y la tierra no es capar, de crear todo lo que se asemeja a ellos? Naturalmente que sí. Él es el Creador y el Omnisciente. Su orden, cuando desea algo, se reduce a decirle: «Sé», y es. Así pues, gloria a Quien tiene en su mano todo el poder en todo. A El seréis devueltos. (36.81-83)*

Después del fallecimiento de la persona se practica toda una serie de actos rituales prescritos para tal fin. El cuerpo es, ante todo, lavado cuidadosamente y preparado para el entierro envolviéndolo con una tela blanca y limpia. Luego se celebra un funeral, a veces en una mezquita, pero generalmente en casa. El servicio suele realizarlo el imán local. Después de este servicio se lleva el cuerpo a la tumba. No se requiere que el cuerpo sea colocado en un ataúd. Los musulmanes no gastan demasiado dinero ni en la preparación ni en el mismo entierro. El finado es enterrado generalmente el lunes siguiente a la muerte.

El cuerpo, ya sea en un féretro o simplemente sobre unas andas, se lleva en una procesión de familiares y amigos hasta el lugar de la sepultura. La procesión de un individuo de prestigio agrupará a un gran número de personas, muchas de las cuales pueden acompañar al difunto hasta el cementerio. En 1970, El Cairo fue la escena del que ha sido probablemente el más grande funeral de la historia. Gamal Abdel Nasser, quizá el más respetado líder árabe de este siglo, murió de un ataque al corazón en septiembre de aquel año. Se dice que su funeral atrajo a más de 4 millones de personas, no solo de Egipto sino también de todo el mundo de habla árabe y de otras partes del mundo.

Al igual que el servicio funerario, el emplazamiento de la tumba es también muy simple. Cuando el cuerpo se coloca en el suelo, se tiene mucho cuidado en que su cabeza esté de cara a La Meca. Si el cuerpo se deposita en un ataúd, generalmente este se marca para indicar donde está la cabeza. Luego se pronuncian piadosas palabras sobre la tumba, para acabar con una recitación del Surat al-Fatiāh, la primera sura del Corán. La recitación de esta sura simboliza que la vida que acaba de terminar era la de un musulmán. Dado que los musulmanes aprenden la sura a una edad muy temprana, a menudo en la escuela como una de las primeras lecciones, y la usan frecuentemente en el curso de su vida en toda clase de ocasiones, es lógico que al final de su vida les sea recitada por última vez.

Capítulo 8

El islam y el mundo moderno

Hacia el siglo XVIII, la comunidad islámica había cambiado considerablemente respecto a aquellos primeros años en Medina, cuando un grupo de musulmanes se unieron a Mahoma para establecer el primer asentamiento islámico. Contándose ahora por millones el número de musulmanes, la comunidad se había extendido desde la costa atlántica de Marruecos hasta las numerosas islas de Indonesia. El islam se había convertido en una verdadera religión mundial.

En el curso de 1.200 años, los musulmanes habían afrontado serios retos, desde la hostilidad de los mecanos a principios del siglo VII hasta la invasión de los mongoles a mediados del XIII. En el siglo XVIII, la comunidad islámica se encontró en el inicio de un nuevo e incluso más difícil período de la historia. Durante 200 años, como mínimo, tres imperios —el Mogol, el Safawī y el Otomano— habían controlado gran parte del mundo islámico. Con sus centralizadas formas de gobierno y poderosos ejércitos, habían llevado la estabilidad a las tierras del islam. Con esa estabilidad había llegado también el comercio, lo cual significó más prosperidad para los tres imperios. Pero todo esto tuvo su fin cuando la política y la economía dieron lugar a la decadencia. Los safawíes cayeron del poder en el siglo XVIII. Luego, la dinastía mogol se desmoronó en el XIX. Los otomanos sobrevivirían hasta principios del siglo XX, pero con su fortaleza notablemente disminuida.

El reto del futuro

Al caer estos imperios, el mundo islámico se enfrentó con un futuro incierto. En muchas regiones, grupos locales lucharon por el control político. Al acrecentarse estos conflictos, la estabilidad que una vez habían caracterizado a aquellos imperios dio paso a una agitación política. Ante la decadencia del poder y la disminución de la riqueza de los musulmanes, muchos se sentían profundamente pesimistas. En sus mentes, el islam había perdido la vitalidad y la fortaleza que un día habían permitido crear un imperio mundial. Para muchos, parecía como si la sociedad islámica estuviera al borde del desastre.

Otros opinaban de manera distinta. A medida que avanzaba el siglo XVIII, aparecieron individuos y grupos determinados a devolver a la comunidad islámica su unidad y su fuerza. Musulmanes de diferentes regiones del mundo islámico sostenían que el declive del islam podía ser detenido. Lo que se necesitaba, decían, era un nuevo compromiso por parte de los musulmanes con los principios y prácticas del islam contenidos en la Šarī'a. Se lamentaban de que demasiados musulmanes mantuvieran creencias y prácticas rituales que tenían poco que ver con la verdadera religión. Con esas prácticas, los musulmanes solo hacían daño al islam, y ya era hora de librar a la comunidad de esas ideas. Los reformadores se oponían especialmente a la veneración de los santos y los cuestionables ritos de muchas órdenes sufíes. Afirmaban que el creer en los mágicos poderes de los santos era una violación de la creencia más fundamental del credo islámico: la absoluta unicidad de Dios.

Estos musulmanes eran también críticos respecto de las órdenes sufíes. Muchos de los sufitas, decían, estimulaban y participaban en la veneración de los santos. También realizaban otras prácticas inaceptables, tales como incluir músicas y danzas salvajes en sus actos rituales. Algunos de los reformadores exigían terminar con las prácticas sufíes; otros decían que el sufismo debía ser reformado, pero no eliminado.

Los que presionaban por la reforma y el cambio dentro del islam criticaban también a muchos de los doctores de la ley, o ulema. Tradicionalmente, los ulema se ocupaban de la educación religiosa y de emitir opiniones sobre la legalidad. Los críticos declararon que los ulema eran demasiado conservadores en sus enseñanzas y reglamentos. El problema, decían, era que los ulema miraban demasiado al pasado. Sus ideas sobre la ley y la religión eran simplemente copiadas de las pasadas generaciones de ulema. Aunque tales opiniones pudieron haber sido útiles en el pasado, ya no eran relevantes de cara a las preocupaciones de la moderna sociedad islámica. El islam se encontraba en una nueva época, y había que solucionar nuevos problemas que las generaciones anteriores de ulema no tuvieron que afrontar.

Islah y Tajdid

Dos términos que fueron muy utilizados por los reformadores de los siglos XVIII y XIX eran islāh ("reforma") y taŷdīd ("renovación"). A su modo de ver, la reforma y la renovación eran necesarias si el islam iba a ser una fuerza vital en el mundo.

Un nuevo islam

Los nuevos reformadores argumentaron que había llegado el momento de reconducir al islam y la sociedad islámica para que volviera a su camino correcto. Esto significaba librar al islam de prácticas no islámicas; significaba seguir los deberes y normas de la Sarta más escrupulosamente; y significaba tratar con los nuevos problemas de la sociedad de forma creativa. Para muchos de esos musulmanes, el modelo de acción era Mahoma, quien había reformado la sociedad de sus días. Por tanto, había que seguir su ejemplo para introducir un cambio en sus propias sociedades para que los musulmanes pudieran afrontar los retos del mundo moderno con energía y creatividad.

Los movimientos de reforma aparecieron en diferentes áreas del mundo islámico durante los siglos XVIII y XIX. Quizá el primero fue el movimiento wahhābí, aparecido en el norte de Arabia a mediados del siglo XVIII. Muhammad ibn' Abd al-Wahhāb, un predicador conservador que había estudiado leyes y teología en La Meca y Damasco, estuvo luego enseñando sus ideas en Arabia. Afirmaba que la sociedad islámica se estaba corrompiendo desde dentro por ideas y prácticas no islámicas. Particularmente opuesto al sufismo y a la veneración de santos, insistió enérgicamente en que los musulmanes debían guiarse únicamente por el Corán y el Hadiz. Recordó al pueblo que el único modelo válido para la sociedad islámica era el que había sido encabezado por Mahoma, una comunidad que había seguido la verdadera forma de vida islámica y que muchos musulmanes modernos habían olvidado o abandonado.

El movimiento wahhābí atrajo la atención y aceptación de un líder tribal llamado Ibn Saʿūd. Fortalecido por esos luchadores tribales, el movimiento conquistó gran parte de la península arábiga, incluida La Meca, en 1803. Se creó entonces un pequeño Estado bajo el nombre de Ibn Saʿūd. En La Meca y en Medina, los wahhābíes destruyeron las tumbas de santos y los centros sufíes. También profanaron la tumba de Mahoma y las de algunos de sus colaboradores más próximos. Para los wahhābíes, era monstruoso que los musulmanes visitaran esas tumbas en busca de milagros, ya que tales prácticas no eran, según ellos, aceptables en el islam.

A principios del siglo XIX, el Estado wahhābí fue destruido por una invasión procedente de Egipto. Durante un siglo aproximadamente, la familia Saud vivió en un lugar de la Arabia central, solo para reconquistar Arabia a principios del siglo XX. Así fue como se creó la moderna nación que conocemos hoy como la Arabia Saudí.

Otro reformador del siglo XVIII fue Usmán Dan Fodio (m. 1817), un doctor de la región del África Occidental que ocupa hoy Nigeria. Formado en leyes islámicas y teología, viajó para predicar sus ideas de reforma de ciudad en ciudad. Se mostró crítico con los dirigentes de su religión, quienes, según él, ignoraban los principios de la ley y la religión islámica. Les acusó de ser injustos y tiranos, así como de permitir a la población local llevar a cabo actividades que eran contrarias a las enseñanzas del islam, tales como ritos en los que intervenía la magia. Predicó la necesidad de volver a los principios islámicos contenidos en la Šārī'aŠārī'a y rechazar todo comportamiento que violara estos principios.

Dan Fodio fue también crítico con los musulmanes que mezclaban los actos rituales y las creencias del islam con prácticas de otras religiones locales. A través de África, era común encontrar musulmanes que continuaban practicando actos no islámicos paralelamente a los rituales del islam, o incluso mezclándolos con ellos. Para Dan Fodio y otros reformadores de la época, no había lugar en el islam para esas otras prácticas y creencias.

Esta indignación contra el uso de ritos no islámicos fue compartida por Shah Walī Allāh (m. 1762), un doctor indio. Educado en La Meca y miembro de una de las mayores órdenes sufíes de la época, la Naksbandiyá, vivió en la India durante la decadencia del Estado mogol. Temía que la sociedad islámica decayera también y pensaba que solo el retorno a los verdaderos ideales del islam podría revitalizar su sociedad. Wall Allah era consciente de que muchos musulmanes de la India llevaban a cabo prácticas de otras religiones conjuntamente con las del islam. Estaba particularmente preocupado por aquellos que mezclaban las creencias y prácticas hindúes con las islámicas. Había llegado el momento, dijo, de purificar el islam y fortalecerlo de nuevo.

Walī Allāh era sufí y, a diferencia de los wahhābíes, no pedía la prohibición del sufismo. Por el contrario, dijo que el sufismo era aceptable, e incluso necesario, siempre que sus adictos permanecieran fieles al islam. Esto significaba atenerse al Corán y al Hadiz, despojándose de cualquier creencia cuestionable. El sufismo, decía, podía ser una parte importante del culto musulmán, pero solo si seguía las enseñanzas islámicas.

Walī Allāh, Dan Fodio y otros como ellos promovieron otra idea importante: que la revitalización del islam podía requerir el ŷihād, o sea la lucha. Esto significaba un esfuerzo individual por parte de cada musulmán para permanecer fiel a los principios del islam. También significaba la acción armada en defensa del islam cuando fuera necesario. En 1804, Dan Fodio creyó que había llegado el momento del ŷihād. Los legisladores locales habían aprobado leyes restringiendo las prácticas de la población musulmana. En respuesta, Dan Fodio declaró el ŷihād y reunió a un ejército de seguidores. En una serie de guerras, ese ejército conquistó una gran región del África Occidental y fundó el Estado de Sokoto. Gobernado según la ley islámica, este pequeño Estado sobrevivió aproximadamente un siglo, es decir, hasta 1905.

El espíritu de reforma y el ŷihād extendieron por todas partes la guerra islámica durante los siglos XVIII y XIX. En Cirenaica, región de lo que es hoy Libia, los sanusíes se levantaron para establecer una fuerte coalición tribal que llevaría a su orden al poder. Muhammad ibn 'Alī al-Sanūsi, fundador de la orden sanusí, fue otro reformador destacado. Al igual que otros antes que él, luchó por la purificación del islam y, más específicamente, del sufismo. También expresó la necesidad de acudir al ŷihād para conseguir la unidad y la fuerza de la fe. Sus enseñanzas unieron a las tribus de las zonas rurales en las cuales él y sus seguidores habían predicado.

A finales del siglo XIX, estos movimientos de reforma habían influido en muchos pensadores y activistas musulmanes, pero se habían concentrado en los problemas internos de la sociedad islámica. Para los musulmanes activistas, este enfoque no era va suficiente. Además de los problemas internos, la sociedad musulmana se enfrentaba a una creciente amenaza del otro lado de sus fronteras: el creciente poder político y militar de Europa.

La amenaza de Europa

A medida que los países europeos se hacían más ricos, su poder político y militar aumentaba, y los líderes y negociantes de estas naciones empezaron a lanzar una mirada voraz a las regiones de Oriente Medio, Asia y África. La incautación de territorios asiáticos y africanos por los poderes europeos tuvo lugar durante un período de varios siglos. Francia, Gran Bretaña, Holanda y Rusia encabezaron el dominio y control de esas áreas a través de un proceso conocido como colonialismo. A principios del siglo XIX, vastas regiones del mundo islámico habían caído en manos de Estados europeos. Para muchos musulmanes, era el mismo islam el que había sido objeto del ataque.

En una serie de campañas llevadas a cabo en el siglo XIX, Rusia se hizo con el control de una vasta zona del Asia Central. La población de aquellas tierras era primordialmente musulmana, como lo sigue siendo hoy. Holanda, que había establecido asentamientos comerciales en el Sudeste Asiático ya en el siglo XVI, se movilizó para obtener el control de las islas conocidas hoy como Indonesia, así como partes de la moderna Malasia. Hacia 1911 dominaba en todas estas áreas.

Sin embargo, correspondió a los británicos y los franceses gobernar en la mayor parte del mundo islámico. A principios del siglo XIX, Gran Bretaña controlaba la mayor parte de la península india y varias zonas situadas más al Este y Sudeste de Asia. Hacia finales de siglo, los británicos habían añadido Egipto y Sudán a su imperio colonial. Respecto a los franceses, estos mandaron tropas contra las regiones del norte de

África. Argelia fue la primera en caer, allá por el 1830, seguida de Tunicia, en 1881, y Marruecos en 1912. La restante zona de África del Norte, lo que es hoy Libia, fue invadida por Italia en 1911.

En cuanto a los otomanos, estos fueron derrotados y expulsados de las regiones árabes del Oriente Medio por Gran Bretaña y por una revuelta árabe generalizada que tuvo lugar en el norte de Arabia y Siria durante la Primera Guerra Mundial. Aunque Gran Bretaña había prometido a las regiones árabes que les ayudaría a obtener la independencia, este país y Francia decidieron en 1916 repartirse el Oriente Medio entre ellos. Gran Bretaña se apropió de una amplia faja de territorio que incluía Palestina, Jordania e Irak, mientras que Francia tomó un área en la que se encontraban Siria y Líbano.

Como resultado, hacia los comienzos del siglo XX la inmensa mayoría de las tierras del islam se hallaba a merced de los Estados coloniales europeos. En estas regiones, los musulmanes ejercían ahora un control muy limitado sobre sus vidas políticas y económicas. Un profundo examen de la situación tuvo lugar entre el mundo islámico cuando los musulmanes se enfrentaron a las problemáticas cuestiones del futuro. Estas cuestiones significaron una mayor presión cuando la presencia de europeos se hizo más grande; pronto estuvo claro que los musulmanes deberían aceptar cambios drásticos en sus sociedades.

La penetración de Occidente

Primero, las potencias coloniales hicieron presión para el establecimiento de escuelas al estilo europeo en todo el mundo islámico. A los estudiantes de estas escuelas les fueron inculcadas las ideas políticas y económicas europeas, así como el enfoque europeo de la ciencia y la tecnología. Cuando los estudiantes se graduaban, introducían estas ideas en la sociedad. Segundo, las potencias coloniales cambiaron las prácticas económicas y de negocios en las regiones musulmanas. El comercio y la producción de nuevas mercancías, ahora, beneficiaban más a los estados europeos que a las mismas regiones locales. En las diferentes zonas del mundo islámico, los comerciantes tradicionales eran forzados a retirarse de los negocios mientras surgía una nueva generación de comerciantes con fuertes vínculos con el comercio europeo.

Al principio, estos cambios afectaban solo a pequeños grupos de individuos en cada región. Pero con el tiempo, esos individuos utilizaron su educación y su riqueza para ganar posiciones de poder. Al hacerlo, expandieron las prácticas aprendidas de Europa a grupos más amplios. Muchos musulmanes estuvieron dispuestos a aceptar las nuevas ideas; otros, por el contrario, no. Estos últimos sospechaban de los cambios que estaban siendo introducidos en la sociedad islámica.

Con independencia de los valores que los movieran, la mayoría de musulmanes asumía que el mundo islámico estaba en crisis. El futuro del islam y de la sociedad islámica se hallaba en juego. Se necesitaban respuestas a las inquietantes preguntas que se hacían los musulmanes: ¿Cómo debían reaccionar ante la presencia de europeos? ¿Y cuáles eran los valores e ideas que los musulmanes iban a utilizar al emprender su camino hacia el futuro?

A estas preguntas se les dieron muchas respuestas diferentes. Los conservadores ulema y sus partidarios hicieron una llamada al rechazo de los valores e instituciones europeas.

Creían que lo más importante para los musulmanes era comprometerse más plenamente con los principios del islam. Se necesitaba este compromiso, insistían, si la comunidad islámica tenía que recuperar su unidad y ser capaz de competir con los Estados europeos.

Otros musulmanes criticaron esa actitud por ser demasiado conservadora. Estaban de acuerdo con los ulema que era importante defender el islam. Pero, razonaron, si el mundo islámico iba a competir con los Estados europeos —ya fuera en política, comercio o educación—, había que revisar a fondo las prácticas del islam. Acusaron a los ulema de vivir en el pasado y de no reconocer que la ley islámica, así como la educación, tenían que ser remodeladas si los musulmanes querían hacer frente a los retos del mundo moderno.

Un número de esos críticos opinaba que, más que rechazar todo lo que era europeo, los musulmanes debían utilizar aquellas ideas e instituciones de Europa que pudieran ayudar a la revitalización de la sociedad islámica. Por ejemplo, muchos de esos musulmanes partidarios de la reforma tenían un gran interés en las ideas científicas occidentales. Por tanto, propusieron que tales ideas fueran incorporadas a la educación islámica, lo que a su vez beneficiaría a la sociedad en general. La ciencia abriría el camino a nuevas tecnologías militares y científicas.

Reformadores del islam

Estos reformadores forjaron sus ideas de maneras muy diferentes. Ŷamāl al-Dīn al-Afgānī (m. 1897), un activista de ascendencia iraní, estaba obsesionado en liberar al mundo islámico del colonialismo europeo. En sus escritos postulaba que el islam era el plano ideal para la sociedad y que los principios islámicos necesitaban ser reinterpretados. El islam, decía, no estaba opuesto a la ciencia y al activismo político. Por el contrario, estos formaban parte de la herencia del islam. Los musulmanes debían comprometerse ahora a hacer uso de ellos a fin de restaurar el poder del mundo islámico y hacer frente a los europeos.

Mientras al-Afgānī estaba principalmente preocupado por la acción política, dos de sus estudiantes egipcios, Muhammad 'Abduh (m. 1905) y Rasīd Rīdā (m. 1935), ambos interesados en los asuntos religiosos y políticos, trataban de encontrar la forma de adaptar el islam al mundo moderno. Al igual que al-Afgānī, uno y otro adoptaban una posición crítica frente a los ulema, a quienes atribuían el debilitamiento del islam con sus ideas desfasadas. 'Abduh y Rīdā estaban de acuerdo en que las prácticas rituales del islam y la guía de la Sarta eran esenciales para la vida musulmana, pero creían que, si la Sarta debía tratar los problemas de la moderna sociedad islámica, tenía que ponerse al día. Esto significaba utilizar los grandes principios de la Sarta para crear un moderno código de reglas y leyes. Solo una nueva y revitalizada Sarta, decían, podía poner de nuevo a la sociedad islámica sobre sus pies.

Muchas de estas nuevas ideas eran compartidas por otros dos destacados pensadores musulmanes de finales del siglo XIX y comienzos del XX. Sayid Ahmad Kan (m. 1898) vivía y trabajaba en la India, gobernada entonces por los británicos. De estos hombres. Kan era el más entusiasta de las ideas científicas y educacionales de Europa. Convencido de que estas ideas podían ser utilizadas para revitalizar el islam, las divulgó en sus escritos. También fundó un colegio al etilo europeo, la Aligarla Muslim University, donde se aplicaron tales ideas.

Una generación más tarde, otro indio musulmán, Muhammad Iqbāl (m. 1938), se mostró menos partidario de pedir ideas prestadas a Europa. Iqbāl, abogado de profesión, estaba interesado en crear una nueva sociedad islámica y admiraba las ideas europeas de democracia y gobierno parlamentario. No creía, sin embargo, que los musulmanes tuvieran que pedir prestadas esas ideas a Europa. Al igual que al-Afgānī, estaba convencido de que estaban contenidas en los principios de la Sarta y que lo que tenían que hacer los musulmanes era reinterpretar esta a fin de descubrir esos principios.

Iqbāl, 'Abduh y otros pensadores atrajeron a seguidores entre los estudiantes e intelectuales, aunque no la atención de una más amplia masa de musulmanes. Por esta razón, nunca fueron políticamente poderosos ni tuvieron oportunidad de poner en práctica sus planteamientos. Uno de los problemas con que se enfrentaron fue la oposición de muchos otros musulmanes intelectuales y activistas. Por una parte, los ulema y los que les daban apoyo rechazaban el uso de ideas e instituciones europeas, creyendo que tales ideas eran ajenas al islam e irrelevantes para las necesidades de los musulmanes. Del otro lado, la nueva generación de musulmanes no mostraba ninguna repugnancia ante las ideas políticas y económicas europeas. Este segundo grupo estaba constituido por los que abrazaban la idea del nacionalismo, el concepto de que un pueblo debe gobernarse a sí mismo y determinar su propio futuro sin interferencia de potencias extranjeras. Fue una idea que cambiaría la faz del mundo islámico a lo largo del siglo XX.

La idea del nacionalismo

Las ideas nacionalistas fueron difundidas por los estudiantes que habían sido educados en escuelas europeas. Estas incluían tanto las instaladas en las regiones musulmanas como las universidades de la misma Europa. A medida que estas instituciones graduaban a nuevas generaciones de estudiantes musulmanes, la idea del nacionalismo se hizo popular en todo el mundo islámico.

Esa idea del nacionalismo dio lugar a varios movimientos políticos, la demanda común de los cuales era el fin del colonialismo europeo. Con su reivindicación de la independencia, esos grupos atrajeron a un creciente número de personas de toda Asia y África. Ya fuera en Egipto, Tunicia o Indonesia, entre los líderes había abogados, periodistas e ingenieros educados en Occidente. Los reformadores que les habían precedido se habían comprometido con el islam y a reformar la ley y la educación islámicas, pero estos nuevos nacionalistas mostraban mucho menos interés en la religión. En Oriente Medio, los grupos nacionalistas incluían no solo musulmanes sino también miembros de varias sectas de la minoría cristiana.

A diferencia de muchos de los musulmanes reformistas, y naturalmente los ulema y sus adictos, los jóvenes nacionalistas no vacilaron en utilizar ideas políticas y culturales —tales como la democracia y el socialismo— de Europa. Sus campañas tendían a la creación de instituciones legales, educativas y políticas al estilo europeo; muchos de ellos adoptaron la indumentaria europea, así como sus costumbres. Entre las instituciones que esperaban crear en el mundo islámico estaban los sistemas parlamentarios de gobierno y universidades seglares.

Los musulmanes devotos, y especialmente los ulema, recibieron estas ideas con escepticismo. Lo que más les molestaba era que los nacionalistas parecían haber dejado de lado su compromiso con el islam. La mayoría de los nacionalistas promovieron fuertes ideas seglares, argumentando que la religión debía separarse completamente de la política. No estaban necesariamente en contra de las prácticas y creencias religiosas, pero creían que no tenían lugar en una lucha por la independencia, ni tampoco eran un problema de los gobernantes políticos.

A medida que transcurría el siglo XX, el dominio europeo sobre el mundo islámico dio paso a los Estados independientes. En 1923, Turquía —una de las pocas áreas del mundo islámico que no había caído nunca bajo el dominio europeo— se proclamó república independiente. El líder del movimiento nacionalista turco, Mustafá Kemal Atatürk (m. 1938), inmediatamente se dispuso a hacer de Turquía un estado seglarizado. La Šāri'a fue sustituida por un código legislativo al estilo europeo; se prohibió la forma de vestir musulmana, así como sus costumbres, y se tomaron otras medidas para limitar la presencia de la religión en la vida turca. Hoy, Turquía sigue siendo el más seglarizado de los países del islam.

Pronto siguió la independencia para otras regiones del mundo islámico: Irak, en 1932; Siria, en 1947; Egipto, en 1952; Indonesia, en 1950; Marruecos, Tunicia y el Sudán, en 1952; Malasia, en 1957; Nigeria, en 1960, y después de una larga y costosa revolución, Argelia, en 1962.

Pakistán vio la luz en 1947 en medio de la lucha de la India por la independencia de Gran Bretaña. Un movimiento nacionalista islámico en la India, llamado Liga Musulmana, había obtenido apoyo entre los musulmanes de la India con la idea de un Estado musulmán separado. La Liga Musulmana era liderada por Muhammad ʻAlī Ŷinna (m. 1948), que era íntimo amigo de Muhammad Iqbāl. Bajo su liderazgo, la liga logró crear el Estado del Pakistán, pero solo después de una larga guerra civil con la India, en la cual cientos de miles de musulmanes e hindúes perdieron la vida. En 1971, la parte oriental del Pakistán se separó, tras una sangrienta guerra civil, para convertirse en Bangladesh.

El esfuerzo por el poder

En la mayoría de estos nuevos Estados independientes, el poder político era ejercido por gobiernos seglares. Muchos eran controlados por oficiales militares que tenían muy poco o ningún interés en combinar la religión con la política. El escenario estaba ahora preparado para un conflicto entre estos líderes nacionalistas seglares y los diversos grupos dentro de los Estados que daban soporte a las formas islámicas de gobierno. Las teorías políticas y económicas europeas u occidentales pueden ser útiles para Europa, decían, pero no tienen lugar en el mundo islámico. Era el momento de volver a los principios islámicos y, especialmente, a la normativa de la Šārī'a. Este planteamiento fue promovido inicialmente a comienzos del siglo XX por dos grupos: uno en la India y el otro en Egipto.

La Sociedad de Hermanos Musulmanes, o Hermandad Musulmana, como generalmente se conoce, fue fundada en 1928 por un piadoso musulmán egipcio y comprometido activista llamado Hasan al-Banna. Estudiante de Rāsīd Riḍā, las ideas de al-Banna sobre el islam y la política atrajeron rápidamente a un gran número de seguidores en todo Egipto. Bajo su liderazgo, la Hermandad Musulmana creció hasta convertirse en un movimiento de masas que agrupaba a estudiantes, profesionales y comerciantes. Hacia los años 40, la Hermandad Musulmana devino una gran fuerza política en Egipto. Las tensiones con el gobierno condujeron a enfrentamientos y, finalmente, al asesinato de al-Banna en 1949. La Hermandad tuvo que enfrentarse a una dura represión del gobierno egipcio durante las décadas de los 60 y 70.

El segundo movimiento, el Ŷamaat-i-Islami, fue iniciado por Mawlana Mawdudi en la India, en 1941. Mawdudi, al igual que al-Banna, no era miembro de los ulema, aunque había recibido la educación tradicional islámica. También al igual que al-Banna, fue un convencido activista y un dotado líder. Pero, a diferencia de aquél, él y sus seguidores no intentaron desarrollar un movimiento de masas, sino una pequeña élite de musulmanes educados que trabajarían para la creación de una verdadera sociedad islámica. El Ŷamaat-i-Islami también tuvo que afrontar la hostilidad del gobierno, y Mawdudi y sus seguidores sufrieron períodos de prisión. El movimiento, sin embargo, no fue nunca prohibido, muy al contrario de la Hermandad Musulmana, que fue declarada ilegal desde mediados de la década de los 60 hasta la de los 80.

Tanto para Mawdudi como para al-Banna, la sociedad islámica estaba siendo atacada, no solo por las potencias coloniales europeas, sino también por los movimientos nacionalistas seglares. Criticaron con toda dureza estos movimientos por adoptar ideas e instituciones occidentales y por abandonar el islam. Nada los encolerizaba más que el argumento de que la religión y la política debían mantenerse separadas. Para ambos, tal separación de la religión y la política era una violación de los principios islámicos. En sus escritos y discursos sostenían que el islam comprendía todos los aspectos de la vida, incluyendo la política y la religión.

Mawdudi, al-Banna y otros como ellos obtuvieron el apoyo de un gran número de musulmanes. Contrariamente a muchos ulema, estos hombres se dedicaban a la actividad política. Como decían repetidamente, para ser un buen musulmán uno tiene que esforzarse en defender la fe. Sus ideas tocaron la fibra sensible de las mentes y los corazones de muchos musulmanes a partir de mediados del siglo XX.

El apoyo de que gozaban esos grupos no escapó a la atención de los líderes políticos de las naciones islámicas. A menudo estos recrudecían la lucha contra tales movimientos, encarcelando a sus líderes. En los años 60, sin embargo, los líderes de varios Estados musulmanes empezaron a adoptar una actitud diferente.

De Argelia a Indonesia, los gobernantes de los Estados musulmanes trataron de utilizar la religión para ganarse el apoyo de la masa popular. Sabían que no podían ignorar la importancia que asumía el islam para muchos a los que gobernaban. En Egipto, el gobierno de Gamal Abdel Nasser patrocinó un periódico religioso y pidió el apoyo de los ulema de al-Azhar. El sucesor de Nasser, Anwār al-Sadat, fue incluso más lejos al asociar su gobierno con símbolos religiosos, eventos e instituciones como al-Azhar. En Siria, Hafiz al-Asad, que tomó el poder en 1970, repetidamente utilizó el islam de esta forma en los años 70 y 80.

Estos gestos hacia el islam poco hicieron, sin embargo, para cambiar la creciente impopularidad de los gobiernos. En los últimos años 60, desde Indonesia hasta los países del Oriente Medio, se pusieron de manifiesto claros signos de descontento con las políticas de los gobiernos. Muchos de estos se autoproclamaban democráticos o representativos, pero la verdad era todo lo opuesto. Los jefes de Estado como el Sha del Irán, al-Asad de Siria, Zia Ul-Haq de Pakistán y Sadat de Egipto gobernaban con muy poco apoyo popular. Para muchos de sus paisanos, eran gobernantes autocráticos cuyas políticas no representaban los deseos de su pueblo. Bajo estos hombres, no había prácticamente libertad de prensa ni de actividad política, y todo movimiento de oposición era aplastado.

Tales gobiernos eran también responsables de la mala política económica y de la corrupción. Para mucha gente de estos países, los gobernantes y los que les apoyaban eran los únicos en enriquecerse, mientras el resto de la sociedad sufría por el paro y la creciente inflación. Muchas voces se quejaban también de los crecientes problemas sociales, entre los cuales había altas tasas de pobreza y crimen. Para muchos musulmanes devotos, una razón obvia de esos problemas era la decadencia de los valores y prácticas islámicos.

Un nuevo compromiso para el islam

Un acontecimiento que muchos musulmanes del Oriente Medio y de más allá vieron como símbolo de la decadencia de la sociedad islámica fue la guerra de 1967 entre Israel y los Estados árabes de Egipto, Siria y Jordania. En junio de aquel año, tras un período de tensión en la región, estalló la guerra. En pocos días, los tres ejércitos árabes fueron derrotados. En el proceso, Jerusalén —la tercera ciudad santa del islam— fue tomada por Israel. Estas pérdidas representaron un duro golpe para mucha gente del mundo árabe y de otras partes. Una vez más, muchas de las viejas cuestiones sobre la condición del islam y de la sociedad islámica surgieron en las mentes de los musulmanes. Para muchos, la derrota fue un símbolo de los problemas profundos con que se enfrentaba el mundo islámico.

Las críticas arreciaron contra los gobiernos del Oriente Medio y de otras regiones islámicas, los cuales eran acusados de obrar contra las enseñanzas del islam. La oposición cargaba contra ellos aduciendo que habían vuelto la espalda a la Sarī'a, prefiriendo las ideas e instituciones occidentales de gobierno. Estas no eran relevantes para las necesidades y condiciones de la sociedad islámica, dijeron; por tanto, no cabía extrañarse de que aquellos gobiernos fueran débiles. Para muchos de esos críticos, no eran solo los gobiernos los que no se habían ocupado de los problemas de la sociedad. La culpa era también de aquellos musulmanes que habían abandonado el islam. Como en otras partes del mundo, las sociedades islámicas habían visto cómo algunos de sus integrantes habían adoptado costumbres occidentales en el curso del siglo XX. Había musulmanes que llevaban un estilo de vida más seglar, dejando de practicar los ritos de su fe. En las mentes de algunos ulema, líderes de otras religiones y muchos musulmanes ordinarios, esto era un problema tan preocupante como los abusos de sus gobiernos.

Durante los últimos años de la década de los 60 y primeros de la de los 70, se produjo un cambio. Poco a poco, mientras los problemas políticos, sociales y económicos continuaban creciendo, algunos musulmanes empezaron a renovar su compromiso con el islam. Progresivamente, los musulmanes fueron desilusionándose con los valores y las ideas occidentales para mentalizarse en el sentido de que debían volver a sus propias tradiciones y utilizarlas para revitalizar sus sociedades. Algunos empezaron ahora a compartir la opinión de que el islam —y particularmente la contenía las directrices que los individuos y la sociedad necesitaban. La Šarī'a, insistían, velaba por las necesidades de los musulmanes, por lo que no había necesidad de buscar en otra parte.

Esta nueva dedicación al islam tomó diversas formas. Los musulmanes ordinarios se comprometieron firmemente con las creencias y prácticas del islam, y muchos empezaron a conducirse de acuerdo con lo que era visto como un estilo de vida musulmán. Ello incluía un atento estudio del Corán; practicar la oración y observar escrupulosamente el ayuno del Ramadán; dar su apoyo a las instituciones administradas por grupos religiosos, tales como clínicas, escuelas y centros de juventud; y la adopción de un modesto estilo de vestir y comportamiento en público. En las ciudades de todo el mundo islámico, ya era más corriente ver a mujeres jóvenes con un sencillo vestido largo y un pañuelo en la cabeza.

Sin embargo, para muchos de esos musulmanes, el compromiso con el islam significaba mucho más que un modesto vestido y la plegaria. A su modo de ver, era también una llamada a la acción política. En todo el mundo islámico, desde Marruecos hasta Indonesia, hombres y mujeres jóvenes se unieron para formar movimientos políticos. Si estos movimientos compartían un mensaje común, era que había llegado el momento de hacer de la Šarī'a la base de la sociedad islámica. Muchos exigían el fin de los gobiernos laicos al estilo occidental y un retorno a las enseñanzas del islam. La mayoría de estos movimientos emitían un mensaje político moderado y sus seguidores creían poder trabajar gradualmente dentro del sistema político establecido y lograr sus objetivos. Pero un número más reducido de ellos eran más radicales y activistas.

El islam y la revolución

En el mundo no islámico es común la creencia de que la mayoría de esos jóvenes musulmanes activistas proceden de las clases bajas y tuvieron una educación deficiente. Por el contrario, muchos de los miembros más entregados a estos movimientos proceden de familias de clase media y recibieron una buena educación. Algunos de ellos se unieron a los movimientos islámicos porque se vieron frustrados por la falta de empleo y la corrupción política. También muchos sintieron el desencanto de la secularización de sus sociedades y lo que consideraban decadencia de la vida islámica.

En Egipto, Siria y otros países islámicos, los musulmanes más radicales creían que otros grupos eran demasiado moderados al mostrarse dispuestos a trabajar con los gobiernos de sus respectivos países. En Siria, una rama militar de la Hermandad Musulmana inició una campaña de resistencia armada contra el régimen de Hafiz al-Asad.

El conflicto entre el gobierno sirio y la Hermandad Musulmana se agravó en los años 70. Los Hermanos Musulmanes asesinaron a altos funcionarios y militares sirios mientras el gobierno hacía todo lo posible para aplastar al movimiento militante. Los acontecimientos llegaron a su clímax en febrero de 1982. Según los informes del gobierno sirio, un numeroso grupo de activistas musulmanes atacó las oficinas del gobierno en la ciudad norteña de Hama. En respuesta, el gobierno mandó allí tanques y más de 10.000 soldados. En el ataque, el ejército devastó la parte vieja de la ciudad y mató a miles de civiles junto con una mayoría de activistas.

Dentro de los sucesos de los 70, probablemente ninguno ha causado tanto impacto en las mentes de los musulmanes como la Revolución Islámica de Irán de 1979. La revolución fue llevada a cabo por una amplia coalición de ulema, grupos estudiantiles, organizaciones izquierdistas y otros, siendo apoyada por un gran número de iraníes ordinarios. El objetivo del movimiento era el derrocamiento del Estado iraní liderado por el Sha, Muhammad Rezā Pahlavī (m. 1980).

En la década de los 70, el Sha tenía muy poco soporte popular, gobernaba con puño de hierro y utilizaba el ejército y la policía para aplastar cualquier actividad política en Irán. Para muchos iraníes, estaba también demasiado atado a los Estados Unidos, cuyo gobierno daba soporte al régimen. El gobierno del Sha era también odiado por su política económica, la cual beneficiaba solo a un pequeño porcentaje de la población mientras el resto del país sufría los efectos del desempleo y la inflación.

La voz del movimiento revolucionario fue el ayatollah Jomeini, un doctor religioso. Jomeini ya se había ganado el reconocimiento de los iraníes en 1963, cuando, en un memorable discurso, criticó duramente la política del Sha, la cual, dijo, era contraria a las enseñanzas del islam. Por su enfadado criticismo, Jomeini tue arrestado y, en 1964, enviado al exilio.

Aun desde el exilio, Jomeini permaneció en contacto con sus seguidores en Irán mientras estos organizaban una red revolucionaria durante las décadas de 1960 y 1970. Muchos iraníes fueron arrastrados por el poderoso mensaje religioso de Jomeini, quien atacaba al Sha por socavar el islam con su política laica y su asalto a los poderes de los ulema. Al igual que su padre, quien gobernó en Irán antes que él, el Sha se había esforzado en limitar las actividades de los ulema, especialmente en cuanto se refería a leyes y educación, áreas en las cuales los ulema habían sido tradicionalmente activos.

Jomeini mantenía que esas políticas eran nada menos que un ataque directo al mismo islam. En sus discursos, hacía llamadas al derrocamiento del Sha y a la creación de un gobierno de estilo islámico encabezado por los ulema. Decía que, ya que estos habían sido formados en la ley islámica y en teología, eran los únicos que podían dirigir debidamente un gobierno islámico y su sociedad.

En 1979, el Sha cayó del poder. Jomeini volvió aquel año a Teherán y se convirtió en el jefe espiritual de la nueva república islámica. El efecto de la revolución en el resto del mundo islámico fue eléctrico. Por primera vez, un moderno gobierno laico había sido derrocado con éxito por un movimiento islámico. El Sha había caído pese a la fuerza de su ejército y su policía, y pese al apoyo que había recibido de las naciones occidentales, especialmente de los Estados Unidos.

Para muchos musulmanes —especialmente para los nuevos activistas— la revolución islámica fue enormemente alentadora. Era un signo de que el retorno a los ideales del islam y a los deberes de la Šārīʼa era viable. Para muchos islamistas fue también la confirmación de lo que se podía conseguir mediante la actividad política.

La primera explosión de entusiasmo por Jomeini y la revolución islámica se disipó gradualmente. Uno de los problemas que nunca resolvió Jomeini fue la manera de obtener él, un líder chiíta, el apoyo de los sunníes, que eran mayoría en el país. La antigua separación entre chiítas y sunníes nunca había tenido un final. Otro de los problemas era el hecho de que el nuevo gobierno islámico de Irán se hubiera vuelto pronto tan antidemocrático y despótico como lo había sido el del Sha. Esto le enajenó las simpatías de muchos de los que en un principio habían dado su apoyo al movimiento revolucionario del Irán.

Aunque la popularidad de Jomeini se desvaneció, muchos musulmanes activistas se mantuvieron fieles al compromiso de lograr sus objetivos. Durante los años 70 y 80, un creciente número de jóvenes musulmanes volvieron a la lucha por el retorno al islam. Algunos de estos grupos son totalmente activistas, pero muchos otros han escogido un camino más moderado. En ciertas naciones islámicas, tales grupos han actuado dentro de los sistemas políticos existentes para presionar al gobierno a que adopte sus ideas. Por ejemplo, en Jordania se celebraron elecciones parlamentarias en noviembre de 1989. El mensaje de la campaña de la Hermandad Musulmana, «El islam es la salvación», les llevó a conseguir la cuarta parte de los escaños. Cuando se celebraron elecciones municipales en Argelia, en junio de 1990, las victorias del Frente Islámico de Salvación fue para muchos argelinos una sorpresa. El movimiento islámico obtuvo la mayoría en las elecciones locales.

Estos hechos indican que el futuro del islam no se librará de los debates y posiblemente de los conflictos. Son muchos los que, en el mundo islámico, no comparten las ideas de sus activistas: aquellos, por ejemplo, que continúan creyendo que la religión no tiene porqué ocupar un puesto en la política y que la Šarī'a no debería ser la base del gobierno. Muchos musulmanes se encuentran también incómodos ante el radicalismo de algunos de esos movimientos. Esta gente puede estar de acuerdo en que la sociedad islámica se enfrenta con muchos problemas, pero no ven la necesidad de un cambio radical. Lo que parece más probable es que el islam siga siendo una religión y una civilización con una gran variedad de puntos de vista. Esto fue verdad en los comienzos de la historia del islam y sigue siéndolo hoy.

GLOSARIO

Adn: Llamada a la oración que se hace cinco veces al día desde los alminares de las mezquitas.

Alá: Nombre islámico derivado del arábigo que significa Dios.

Aleya: Versículo del Corán. Cada capítulo (véase sura) contiene uno o más de estos versículos.

Baraka: Bendición espiritual. Se utiliza para referirse a los poderes de individuos particularmente religiosos, como los «santos».

Califa: Término derivado de la palabra arábiga jalifa. Era el título utilizado por los gobernantes del imperio islámico. Puede significar también representante o diputado.

Dikr: «Rememoración» de Dios. Utilizado por los sufíes para referirse a sus prácticas rituales.

Gáziya: «Ataque», razzia o «raid» en el período preislámico y principio del islam.

Hadiz: La colección de relatos o un simple informe relativo a las palabras y actos del profeta Mahoma. Las palabras y actos se conocen como sunnah o «manera de actuar».

Haŷŷ: Peregrinaje, especialmente a La Meca. La peregrinación anual se lleva a cabo en el mes de Dhu al-Hiyya y constituye uno de los cinco pilares del islam.

Hiŷra: «Emigración», «hégira». Término utilizado para referirse al viaje del profeta Mahoma y sus compañeros de La Meca a Medina en 622.

'Īd al-Ada: Fiesta anual de sacrificio celebrada el décimo día del mes islámico Du al-Hiyya, mes del peregrinaje.

'Īd al-Fītr: Festival anual en el cual se celebra el fin del Ramadán, o mes de ayuno.

Ihrām: La prenda blanca utilizada por los peregrinos a La Meca en la peregrinación anual (véase haŷŷ). Ritualmente, esta vestidura es también un indicativo de pureza.

Imán: Término [imam) utilizado por los musulmanes para referirse al líder de una sesión de plegaria o a un maestro religioso. Los chiítas usan este vocablo para designar a individuos considerados de una manera especial como líderes religiosos y políticos de la comunidad.

Islam: Vocablo árabe que significa sumisión o rendición, especialmente a la voluntad de Dios.

Jutbā: El sermón pronunciado, generalmente por alguna figura religiosa destacada, en la mezquita de una congregación en la oración del mediodía.

Kuttab: Escuela coránica a la que se asiste generalmente antes de la escolarización normal.

Mahdī: El ser mesiánico que supuestamente vendrá al final de los tiempos para traer justicia y orden al mundo.

Masjid: Mezquita local o de barrio (véase yāmī)

Mu'addin: O muecín. El individuo que hace la llamada a la oración (véase adān) cinco veces al día desde el alminar de una mezquita.

Mūlūd: Festival en conmemoración del cumpleaños de un personaje religioso, generalmente un «santo. También se usa el término musim.

Musulmán: El creyente del islam; cualquier cosa perteneciente a la religión, ley o cultura del islam.

Niyyah: «Intención» necesaria para practicar debidamente un acto ritual, como la plegaria.

Qādī: Juez, generalmente nombrado por el Estado.

Qibla: La dirección de La Meca hacia la cual los musulmanes deben orar. En las mezquitas está indicada por el mihrab, u hornacina de plegaria que se encuentra en todas ellas.

Sadaqa: Limosna voluntaria.

Sālāt: Oración. Uno de los cinco pilares del islam.

Sawm: Ayuno, especialmente el ayuno anual del Ramadán. Uno de los cinco pilares del islam.

Šahāda: «Testimonio» de la unicidad de Dios y de la adhesión al profeta Mahoma. Uno de los cinco pilares del islam.

Šayj: Asociar a Dios cualquier ser u objeto. El único pecado imperdonable del islam.

Šārī'a: Sistema legislativo del islam basado en el Corán y en la Sunna de Mahoma. A menudo traducido como "santa ley".

Sura: Un capítulo del Corán.

Tafsir: Interpretación, generalmente del Corán.

Tarīqa: Una orden sufí.

Tauaf: Acto ritual que consiste en dar vueltas a la Kaaba, en La Meca, como parte de la peregrinación anual musulmana.

Ta'ziya: Representación pasional realizada anualmente por las comunidades chiítas para conmemorar la muerte de Husayn ibn 'Alī.

Ulema: Experto en religión y leves.

Umma: Comunidad, especialmente religiosa. Suele utilizarse para referirse a la comunidad islámica.

Wudu: Ritual que consiste en lavarse antes de empezar la oración.

Yāmī: Mezquita de una congregación utilizada en particular —aunque no únicamente— los viernes para el sermón semanal s la oración del mediodía.

Ŷihād: «Esfuerzo» o lucha por la propia religión. Frecuentemente traducido por «guerra santa».

Zakāt: Limosna considerada obligatoria por los musulmanes y calculada con base en los ingresos. Uno de los cinco pilares del islam.

Bibliografía

Dawood, N.J. *The Koran.* Harmondsworth, Inglaterra: Penguin Classics, 1974.

Denny, Frederick Mathewson. *An Introduction to Islam.* Nueva York: Macmillan Publishing Company, 1985.

Dermenghem, Emile. *Muhammad and the Islamic Tradition.* Overlook Press, 1981.

Farah, Caesar E. *Islam: Beliefs and Observantes.* Barron, 1983.

Glubb, John Bagot. *The Life and Times of Muhammad.* Nueva York: Stein & Day, 1970.

Minai, Naila. *Women in Islam.* Seaview Books, 1981.

Mutahhari, Ayatollah Murtaza. *Fundamentals of Islamic Thought: God, Man and the Universe.* Traducido al inglés por R. Campbell. Berkeley: Mizan Press, 1985.

Richardson, E. Alien. *Islamic Cultures in North America.* Pilgrim, N.Y., 1981.

Ruthuen, Malise. *Islam in the World.* Oxford University Press, 1984.

X, Malcolm. *The Autobiography of Malcolm X.* Nueva York: Grove Press, Inc., 1985.

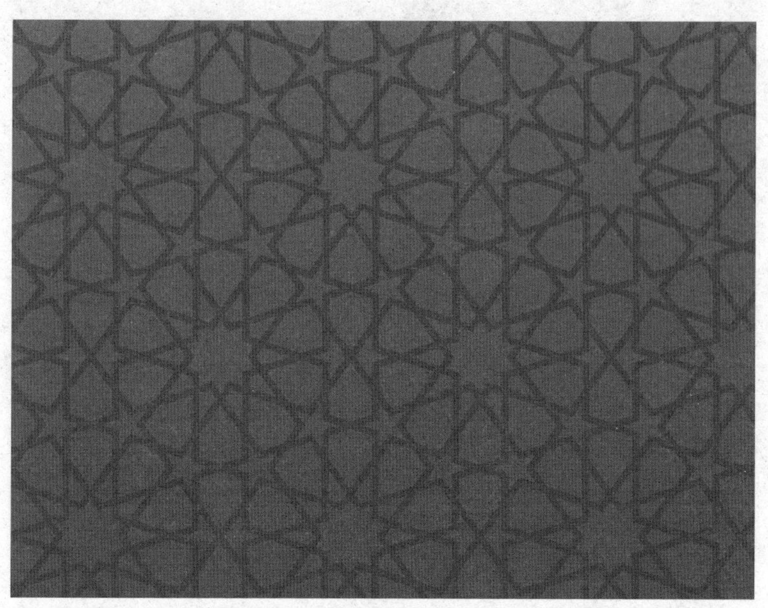

ÍNDICE